Sabine Willmeroth

Literatur-Kartei:
„Der Findefuchs"

Diese Literatur-Kartei bezieht sich
auf das Kinderbuch von Irina Korschunow
„Der Findefuchs",
erschienen beim Deutschen Taschenbuch Verlag,
München 1982, ISBN 3-423-07570-8

Verweis auf mögliche Neuauflagen des Kinderbuches
finden Sie auf unserer Homepage unter
www.verlagruhr.de

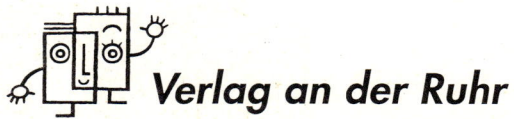

Impressum

Titel: Literatur-Kartei: „Der Findefuchs"

Autorin: Sabine Willmeroth

Titelbildgestaltung: Unter Verwendung der Titelbildillustration
von Irina Korschunow: Der Findefuchs
Umschlagbild von Reinhard Michel
© 1982 Deutscher Taschenbuch Verlag, München

Druck: Druckerei Uwe Nolte, Iserlohn

Verlag: Verlag an der Ruhr
Postfach 10 22 51, D-45422 Mülheim an der Ruhr
Alexanderstraße 54, D-45472 Mülheim an der Ruhr
Tel.: 0208 – 439 54 0; Fax: 0208 – 439 54 39
E-Mail: info@verlagruhr.de
www.verlagruhr.de

© **Verlag an der Ruhr 2001**
ISBN 3-86072-608-0

*Die Schreibweise folgt
der neuen Rechtschreibung.*

Alle Vervielfältigungsrechte
außerhalb der durch die Gesetzgebung
eng gesteckten Grenzen
(z.B. für das Fotokopieren)
liegen beim Verlag.

**Ein weiterer
Beitrag zum
Umweltschutz:**

*Das Papier, auf das
dieser Titel gedruckt ist, hat
ca.* **50% Altpapieranteil,**
der Rest sind **chlorfrei**
gebleichte Primärfasern.

Inhaltsverzeichnis

Vorwort 4/5

LÖSUNGEN:

1. KAPITEL
Der kleine Fuchs ist allein

Lesekontrolle (zu den Buchseiten 5–7) 6 56
Lesekontrolle (zu der Buchseite 8) 7 56
Lesekontrolle (zu den Buchseiten 10, 11) 8 57
Eine „Allein-sein-Geschichte" 9
So sieht der Fuchs aus 10
So lebt der Fuchs (Lesetext) 11
So lebt der Fuchs (Arbeitsblatt) 12
Die Sinne des Fuchses 13

2. KAPITEL
Der Hund

Lesekontrolle (zu der Buchseite 12) 14 57
Lesekontrolle (zu den Buchseiten 14, 15) 15 58
Lesekontrolle (zu den Buchseiten 16, 17) 16 58
Lesekontrolle (zu den Buchseiten 18, 19) 17 59
Lesekontrolle (zu den Buchseiten 22, 23) 18 59
Geruchs-Experiment 19
Geruchs-Memory 20
Der Körperbau des Hundes 21
Die Jagd (Lesetext) 22
Der Jagdhund 23
Hundesprache 24
Hundeberufe 25
Viele Fragen zum Thema Hund 26

3. KAPITEL
Der Dachs

Lesekontrolle (zu den Buchseiten 24, 25) 27 60
Lesekontrolle (zu den Buchseiten 26–28) 28 60
Lesekontrolle (zu den Buchseiten 30, 31) 29 61
So lebt der Dachs (Lesetext) 30
So lebt der Dachs (Arbeitsblatt) 31
Quiz zu Fuchs und Dachs 32/33
Die Stockwerke des Waldes (Leseblatt) 34
Die Stockwerke des Waldes (Arbeitsblatt) 35

4. KAPITEL
Die Fuchskinder

Lesekontrolle (zu den Buchseiten 34, 35) 36 61
Lesekontrolle (zu den Buchseiten 36, 37) 37 62
Tier- und Waldgeschichten 38
Tierkinder im Wald 39
Tierfamilien 40
Tierspuren oder Tierfährten 41
Tierbauten (Lesetext) 42
Tierbauten (Arbeitsblatt) 43
Sträucher im Wald 44

5. KAPITEL
Die Nachbarin

Lesekontrolle (zu den Buchseiten 38, 39) 45 62
Lesekontrolle (zu den Buchseiten 40–42) 46 63
Der Baum 47
Laubbäume 48
Laubbaum-Früchte 49
Nadelbäume 50
Waldarten 51

6. KAPITEL
Der kleine Fuchs hat eine Mutter

Lesekontrolle (zu den Buchseiten 43, 44) 52 63
Lesekontrolle (zu den Buchseiten 45, 46) 53 64

Lückentext 54
Lernwörter zum Findefuchs 55
Lösungen der Lesekontrollen 56–64

Vorwort

**Liebe Kolleginnen,
liebe Kollegen!**

Das Buch „Der Findefuchs" von Irina Koruschnow stellt eine Ganzschrift dar, die Sie bereits zum Ende des ersten Schuljahres in Klassen mit guter Lesefähigkeit oder zu Beginn des zweiten Schuljahres lesen können. Ich selber habe mit dem Buch im Herbst in einem zweiten Schuljahr gearbeitet, weil sich zu diesem Zeitpunkt sehr viele fächerübergreifende Ansätze zum Thema Wald, Waldtiere, Herbstfrüchte und vieles mehr ergeben.

Aufbau der Literatur-Kartei

Das Buch „Der Findefuchs" besteht aus **6 Kapiteln,** die die fortlaufende Geschichte des kleinen Fuchses gliedern.
Zu den einzelnen Kapiteln liegen fortlaufende **Lesekontrollblätter** vor – insgesamt 17 Stück. Die Lesekontrollblätter beziehen sich jeweils auf einen geringen Leseumfang und sind so gestaltet, dass die Kinder wirklich genau nachlesen müssen, um die Aufgaben zu bearbeiten. Häufig sind die Satzanfänge der Antworten, die die Kinder finden müssen, vorgegeben. Die Kinder können sich so im Lesetext besser orientieren.
Jedes Lesekontrollblatt endet mit **drei Wahlaufgaben,** die sich dazu eignen, ein **Lesetagebuch** zu führen.
Die Wahlaufgaben regen die Kinder an, das Gelesene zu reflektieren, sich über den gelesenen Inhalt hinaus Gedanken zu machen und diese aufzuschreiben und/oder im Bild darzustellen.
Damit die Kinder ihre Lesekontrollblätter selbstständig kontrollieren können, finden Sie auf den Seiten 56–64 in DIN-A5-Größe die entsprechenden **Lösungsblätter** zu den Lesekontrollblättern. Es empfiehlt sich die Lösungsblätter auf DIN-A4 mit einem Kopierer zu vergrößern um so eine entsprechende Schriftgröße für die Leseanfänger zu erzielen.
Darüber hinaus sind jedem Kapitel einzelne **sachunterrichtliche Arbeitsblätter** zugeordnet, die die Thematik des jeweiligen Kapitels aufnehmen und ein wenig vertiefen. Diese Arbeitsblätter bieten nur eine kleine Erarbeitung der sachkundlichen Themen, die durch das Buch abgedeckt werden können. Es empfiehlt sich dringend, diese Arbeitsblätter durch praktische Arbeiten und Erfahrungen zu ergänzen. Einige Anregungen dazu finden Sie auf der nächsten Seite.

Lösungen zu den sachunterrichtlichen Arbeitsblättern

Tierspuren und Tierfährten (S. 41)
Reihenfolge der Tierspuren:
1. Wildschwein
2. Vogel
3. Fuchs
5. Hase
6. Eichhörnchen
7. Reh (gehend)

Sträucher im Wald (S. 44)
Reihenfolge der Sträucher:
1. Brombeere
2. Haselnuss
3. Holunder
4. Ilex
5. Schlehe

Laubbäume (S. 48 und 49)

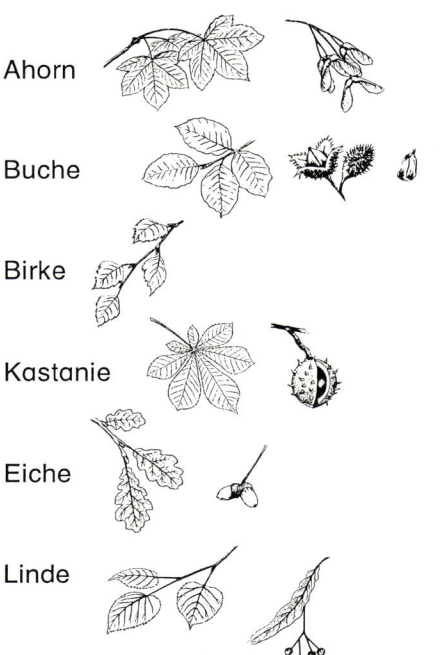

Ahorn

Buche

Birke

Kastanie

Eiche

Linde

Nadelbäume (S. 50)
Reihenfolge der Nadelbäume:
1. Fichte
2. Kiefer
3. Lärche
4. Tanne

Literatur-Kartei: „Der Findefuchs"

Vorwort

Anregungen zum Thema: Fuchs

→ Fuchsmaske basteln – wird in vielen Bastelbüchern angeboten
→ Fuchsfamilie aus Knete herstellen
→ Passagen aus dem Buch mit verteilten Rollen lesen, als Rollenspiel gestalten
→ Stabpuppen basteln und damit zum Lesetext spielen
→ Schattenspiel gestalten
→ Lied: Fuchs, du hast die Gans gestohlen
→ Thema: Säugetiere

Anregungen zum Thema: Hund

→ Hundebesitzer aus Elternkreisen mit dem Hund in die Klasse einladen und vorher erarbeitete Fragen stellen – Interview
→ Hundelexikon: zu verschiedenen Hunderassen aus Büchern Informationen sammeln und in einer Klassenkartei sammeln
→ Hundebilder mit Wasserfarbe oder Wachsmalern gestalten
→ „Rollende Waldschule" zum Thema Jagd einladen
→ Besuch beim Förster zum Thema: Jagd mit dem Hund
→ Sachrechenthema: Kosten von Hundehaltung, Pflege ...
→ Problematik „Hund als Haustier und Spielkamerad" unter Bezug auf die hohe Zahl ausgesetzter Hund zur Ferienzeit
→ Besuch im Tierheim

Beim Verlag an der Ruhr erhalten Sie „Die Hunde-Werkstatt" mit vielen fächerübergreifenden Angeboten rund um den Hund für die 2. bis 4. Klasse. (Best.-Nr. 2475)

Anregungen zum Thema: Wald/Waldtiere

→ Waldspaziergang mit Beobachtungsaufgaben z. B. Tierspuren, Baumarten, Sträucher, Früchte
→ Waldspaziergang mit Sammelaufträgen z.B. Waldfrüchte zum Basteln, Blätter zum Pressen und Basteln, Hinweise auf Tiere wie Federn, Fraßspuren etc.
→ Rindenabdrücke nehmen und sammeln, indem man mit Wachsmalern die Baumrinde auf Papier durchdrückt
→ Gipsabdrücke von Tierspuren nehmen
→ Mit Herbstfrüchten Tiere basten
→ Blätter pressen und daraus Bilder kleben
→ Blätter pressen und ein Herbarium anlegen
→ „Rollende Waldschule" einladen
→ Besuch eines Wildgeheges
→ Waldtierlexikon anlegen (siehe Anregungen Hund)
→ Waldlehrpfad besuchen

Beim Verlag an der Ruhr erhalten Sie „Das Naturmalbuch" mit Ausmalbildern und Sachgeschichten zu vielen heimischen Tieren und Pflanzen. (Best.-Nr. 2314)

Anregungen zum Thema: Bücher

→ folgende Begriffe können Sie am konkreten Beispiel des Buches „Der Findefuchs" erklären: Buchtitel, Untertitel, Buchdeckel, Buchrücken, Klappentext, Autor, Illustrator, Kapitel, Kapitelüberschriften
→ Welche Arten von Büchern gibt es? Bilderbücher, Sachbücher, Tierbücher, Kinderbücher, Wörterbücher, Bastelbücher, Kochbücher, Lexika, Romane, Krimis ...

Weitere thematische Anknüpfungspunkte

→ Adoption, Pflegekind, Stiefeltern
→ Wortspiel: „Findefuchs" – „Findelkind"
→ Verloren gehen, allein sein, Freunde finden
→ Geschwister: Konflikte, teilen, miteinander spielen

Literatur-Kartei: „Der Findefuchs"

Lesekontrolle
1. Kapitel
Leseseiten 5–7

Der kleine Fuchs ist allein

Überprüfe, ob du gut gelesen hast, und beantworte die Fragen.

1. *Wo lag der kleine Fuchs?* ➡ Der kleine _____
_____ .

2. *Auf wen wartete der kleine Fuchs?* ➡ Der kleine _____
_____ .

3. *Warum konnte seine Mutter nicht kommen?* ➡ Der Jäger _____
_____ .

4. *Was hatte der kleine Fuchs?* ➡ Er _____ .

5. *Was tat der kleine Fuchs?* ➡ Er _____ .

6. *Wer kam vorbei?* ➡ Eine _____ kam vorbei.

7. *Wie viele Kinder hatte die Füchsin zu Hause?* ➡ Sie hatte _____
_____ .

8. *Was fragte die Füchsin?* ➡ „Was ist _____
_____ ?"

Wähle nun eine der folgenden Aufgaben für dein Lesetagebuch aus.

1. Schreibe eine Geschichte, wie der Jäger die Mutter des kleinen Fuchses jagt.
2. Schreibe die Textstelle aus dem Buch ab, die dir am besten gefällt.
3. Male den kleinen Fuchs allein im Wald.

Literatur-Kartei: „Der Findefuchs"

**Lesekontrolle
1. Kapitel
Leseseite 8**

Der kleine Fuchs ist allein

Überprüfe, ob du gut gelesen hast, und kreuze die richtigen Antworten an. Du kannst im Buch auf Seite 8 nachsehen!

1. Die Füchsin fragte den Findefuchs,
- ☐ wo seine Mutter ist.
- ☐ ob er keine Mutter mehr hat.
- ☐ wann seine Mutter wiederkommt.

2. Der kleine Fuchs roch
- ☐ wie alle kleinen Füchse.
- ☐ wie jeder Fuchs.
- ☐ wie ein fremder Fuchs.

3. Die Füchsin nannte ihn
- ☐ einen armen kleinen Alleinfuchs.
- ☐ einen armen kleinen Jungfuchs.
- ☐ einen armen kleinen Findefuchs.

4. Endlich hörte der Findefuchs auf
- ☐ zu winseln.
- ☐ zu jammern.
- ☐ zu weinen.

5. Die Füchsin war schön
- ☐ mollig.
- ☐ weich.
- ☐ warm.

Wähle nun eine der folgenden Aufgaben für dein Lesetagebuch aus.

1. Schreibe auf, wie sich der kleine Fuchs fühlt, als ihn die Füchsin findet.
2. Schreibe die Textstelle aus dem Buch ab, die dir am besten gefällt.
3. Male die Füchsin und den kleinen Fuchs.

Literatur-Kartei: „Der Findefuchs"

Lesekontrolle
1. Kapitel
Leseseiten 10, 11

Der kleine Fuchs ist allein

Überprüfe, ob du gut gelesen hast, und beantworte die Fragen.

1. *Wohin kroch der kleine Fuchs?* ➡ Er kroch _____

_____ .

2. *Was suchte der kleine Fuchs?* ➡ Er suchte _____

_____ .

3. *Was tat die Füchsin?* ➡ Die Füchsin _____ .

4. *Warum wich die Füchsin zurück?* ➡ Sie _____

_____ .

5. *Was tat der kleine Fuchs?* ➡ Der kleine Fuchs _____ .

6. *Was tat der kleine Fuchs, als er die Milch fand?* ➡ Er _____

_____

_____ .

7. *Was sagte die Füchsin zum kleinen Fuchs?* ➡ „Trink nur, _____

_____ ."

Wähle nun eine der folgenden Aufgaben für dein Lesetagebuch aus.

1. Schreibe auf, warum die Füchsin dem kleinen Fuchs Milch gibt.

2. Schreibe auf, wie die drei Kinder der Füchsin im Bau auf ihre Mutter warten.

3. Male den kleinen Fuchs, wie er bei der Füchsin trinkt.

Literatur-Kartei: *„Der Findefuchs"*

Eine "Allein-sein-Geschichte"

Du brauchst: ein Schreibblatt, Stifte

So geht es:
1. Lies den Text auf diesem Arbeitsblatt.
2. Schreibe deine „Allein-sein-Geschichte" und male dazu.
3. Hefte deine Geschichte in dein Lesetagebuch.

Der kleine Fuchs ist allein im Wald. Seine Mama kommt nicht zurück. Er hat Angst. Da findet ihn eine Füchsin und hilft ihm.

Auch Kinder fühlen sich manchmal allein. Peter ist umgezogen. Er geht in eine neue Schule. In seiner Klasse sind 26 Kinder. Trotzdem fühlt sich Peter allein. Kannst du dir vorstellen, warum sich Peter allein fühlt?

Gül kommt aus der Türkei. Sie spricht noch nicht gut deutsch. In der Pause steht sie allein auf dem Schulhof. Warum? Kannst du dir vorstellen, warum sich Gül allein fühlt?

- Was muss wohl passieren, damit sich Peter und Gül nicht mehr allein fühlen?
- Hast du so etwas Ähnliches auch schon einmal erlebt?
- Warst du auch schon einmal irgendwo allein?
- Vielleicht warst du allein zu Hause, weil Mama und Papa kurz weg waren? Vielleicht warst du allein in einem Kaufhaus oder auf der Kirmes, weil du Mama oder Papa aus den Augen verloren hast?
- Wie hast du dich gefühlt?
- Was hast du gemacht?
- Hat dir jemand geholfen?

Literatur-Kartei: „Der Findefuchs"

So sieht der Fuchs aus

So geht es:
1. Lies die Wörter unten im Kasten und schreibe sie auf die Linien an die richtige Stelle.
2. Male den Fuchs in der richtigen Farbe an. Dein Buch „Der Findefuchs" hilft dir dabei.

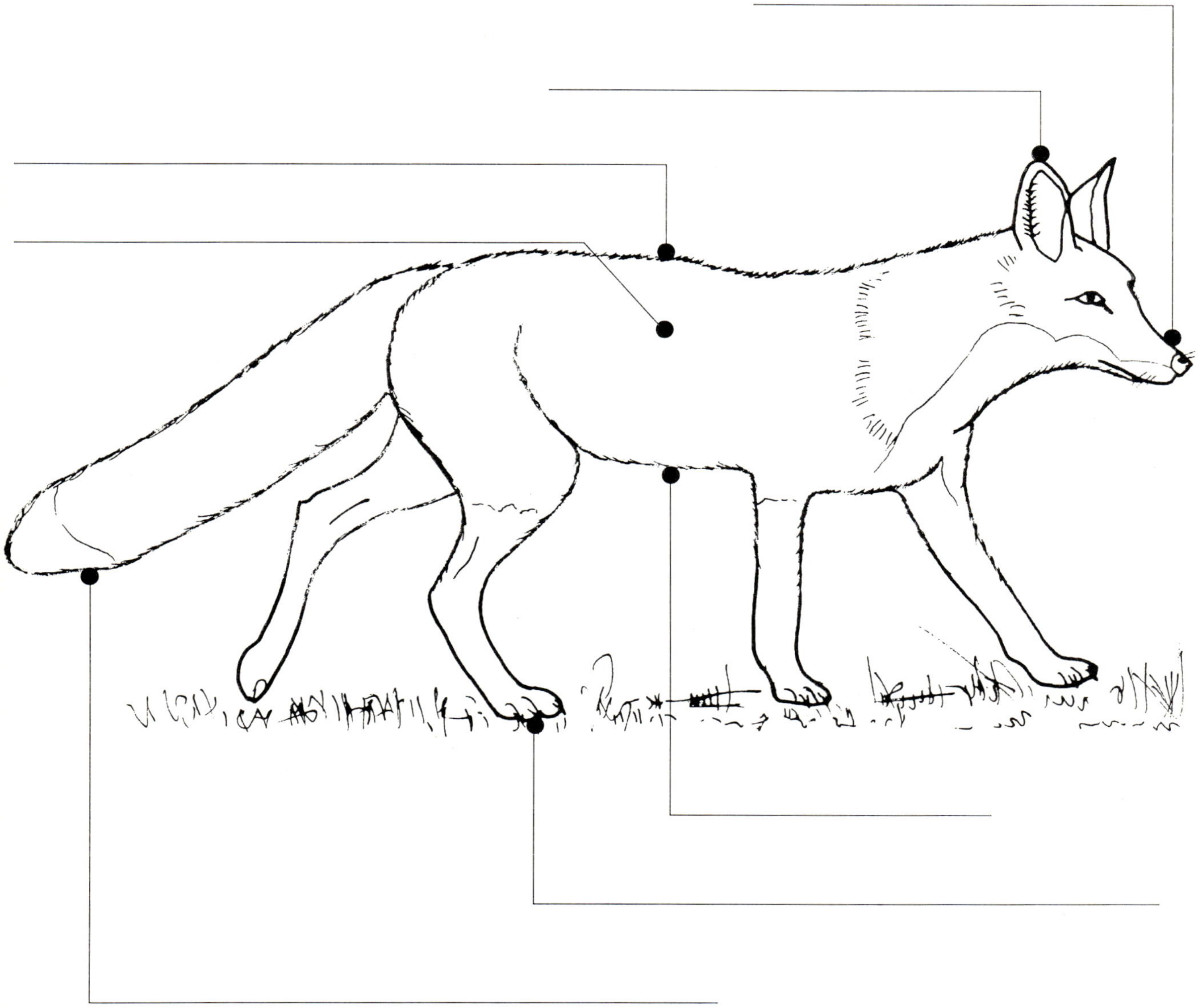

Pfote mit Krallen
Bauch
spitze Schnauze
spitzes Ohr
rostbraunes Fell
buschiger Schwanz
Rücken

Literatur-Kartei: „Der Findefuchs"

(Lesetext)

So lebt der Fuchs

So geht es: 1. Lies den Text über den Fuchs.
2. Beantworte die Fragen auf dem Arbeitsblatt.

Der Fuchs lebt in Waldgebieten,
die nahe an freien Feldern liegen.
Den Tag verschläft der Fuchs meist in seinem Bau.
Nachts geht er auf die Jagd. Er frisst Mäuse,
Hasen, Vögel, Frösche, Schnecken, Käfer
und Heuschrecken. Er mag aber auch Feldfrüchte
wie Kartoffeln, Getreide, Obst und Trauben.
Kommt der Fuchs in die Nähe von Bauernhöfen,
holt er sich auch gerne ein Huhn oder eine Gans.
Im Wald gräbt er sich einen unterirdischen Bau
mit mehreren Gängen.
Im Frühling bringt die Füchsin in ihrem Bau
4–8 Fuchskinder zur Welt,
die sie acht Wochen lang säugt.
Der Fuchs versorgt die Füchsin in dieser Zeit
mit Futter. Wenn die Fuchskinder vier Wochen alt sind,
geht auch die Füchsin wieder zur Jagd.
Das Jagdgebiet eines Fuchses erstreckt sich
3–4 km um seinen Bau herum.
Der Fuchsvater kümmert sich nun
immer weniger um die Fuchskinder.
Die Fuchskinder bleiben bis
zum Spätsommer bei ihrer Mutter,
dann beginnen sie
ihr selbstständiges Leben.

Literatur-Kartei: „Der Findefuchs"

(Arbeitsblatt)

So lebt der Fuchs

1. Wo lebt der Fuchs?

   _____

2. Was frisst der Fuchs?

   _____

   _____

   _____

3. Wann schläft der Fuchs?

   _____

4. Wann jagt der Fuchs?

   _____

5. Wann bekommt die Füchsin ihre Jungen?

   _____

6. Wie lange werden die jungen Füchse gesäugt?

   _____

7. Wie lange bleiben die Fuchskinder bei ihrer Mutter?

   _____

Literatur-Kartei: *"Der Findefuchs"*

Die Sinne des Fuchses

Füchse können wie alle Wildtiere
gut hören und riechen.
Kleine Fuchskinder geben ähnlich wie alle
Tierkinder besondere Laute von sich,
um auf sich aufmerksam zu machen.

So geht es:
1. Lies dir die Wörter durch.
2. Hier sind hören, riechen und Laute machen durcheinander geraten.
3. Ordne die Wörter unten in die Tabelle ein.

lauschen

die Ohren spitzen

fiepen

horchen

knurren

wittern

schnuppern

schnüffeln

jaulen

Witterung aufnehmen

winseln

weinen

heulen

jammern

hören	riechen	Laute machen

Lesekontrolle
2. Kapitel
Leseseite 12

Der Hund

**Überprüfe, ob du gut gelesen hast,
und fülle den Lückentext aus.
Du kannst im Buch auf Seite 12 nachsehen!**

Als der kleine Fuchs genug getrunken hatte, _____ er ein.

Die Füchsin lag immer noch _____ ihm.

Sie freute sich, dass der _____ satt

und _____ war.

Vielleicht kommt seine _____ bald zurück, dachte sie.

Aber die Mutter kam _____ .

Schließlich stand die _____ auf.

Sie hatte keine _____ mehr.

Sie musste _____ zu ihren _____ .

„Schlaf weiter, Findefuchs", sagte sie und wollte

aus dem _____ schlüpfen.

(aus: Irina Korschunow: Der Findefuchs.
© 1982 Deutscher Taschenbuch Verlag,
München, S. 12)

**Wähle nun eine der folgenden Aufgaben
für dein Lesetagebuch aus.**

1. Schreibe auf, warum die Füchsin
   nach Hause muss.
2. Male den kleinen schlafenden Fuchs.

<u>Literatur-Kartei:</u> „Der Findefuchs"

Lesekontrolle
2. Kapitel
Leseseiten 14, 15

Der Hund

Überprüfe, ob du gut gelesen hast, und kreuze die richtigen Antworten an. Du kannst im Buch auf den Seiten 14 und 15 nachsehen!

1. Die Füchsin
   - [ ] ließ den kleinen Fuchs im Gebüsch liegen.
   - [ ] nahm den kleinen Fuchs mit.

2. Die Füchsin packte den kleinen Fuchs
   - [ ] mit den Krallen.
   - [ ] mit den Pfoten.
   - [ ] mit den Zähnen.

3. Als der kleine Fuchs aufwachte,
   - [ ] heulte er leise.
   - [ ] jaulte er leise.
   - [ ] winselte er leise.

4. Die Füchsin sagte zu ihm,
   - [ ] dass sie zusammen fortgehen.
   - [ ] dass sie zusammen nach Hause gehen.
   - [ ] dass sie zusammen seine Mutter suchen.

5. Der Bau der Füchsin
   - [ ] war nicht mehr weit entfernt.
   - [ ] war weit entfernt.
   - [ ] war sehr weit entfernt.

Wähle nun eine der folgenden Aufgaben für dein Lesetagebuch aus.

1. Schreibe auf, warum die Füchsin den kleinen Fuchs mitnimmt.

2. Schreibe mit eigenen Worten auf, was auf den Seiten 14 und 15 geschieht.

3. Male die Füchsin mit dem kleinen Fuchs im Maul.

Literatur-Kartei: „Der Findefuchs"

Lesekontrolle
2. Kapitel
Leseseiten 16, 17

Der Hund

Überprüfe, ob du gut gelesen hast, und fülle das Rätsel aus.
Wenn du es richtig ausgefüllt hast, erhältst du von oben nach unten gelesen ein Lösungswort.

1. Wem gehörte der Hund?
   Er gehörte dem …

2. Was tat der Hund?
   Er …

3. Wessen Spuren witterte der Hund?
   Er witterte die Spuren der …

4. Womit witterte der Hund die Füchsin?
   Er witterte sie mit seiner …

5. Wen versuchte die Füchsin abzuschütteln?
   Sie versuchte den ……… abzuschütteln.

6. Was musste die Füchsin tun, damit der Hund sie nicht einholte?
   Die Füchsin musste …

Lösungswort: _____

Wähle nun eine der folgenden Aufgaben für dein Lesetagebuch aus.

1. Schreibe auf, was der Hund denkt, als er die Spur der Füchsin wittert.
2. Schreibe auf, was der kleine Fuchs denkt, als die Füchsin mit ihm durch den Wald hetzt.
3. Male den Hund.

Literatur-Kartei: „Der Findefuchs"

Lesekontrolle
2. Kapitel
Leseseiten 18, 19

Der Hund

**Überprüfe, ob du gut gelesen hast, beantworte die Fragen und kreuze die richtigen Antworten an.
Du kannst im Buch auf den Seiten 18 und 19 nachsehen!**

1. Als der Hund immer näher kam, hatte die Füchsin große
   - ☐ Angst.
   - ☐ Sorge.
   - ☐ Eile.

2. Die Füchsin
   - ☐ ließ den kleinen Fuchs fallen.
   - ☐ rettete ihr eigenes Leben.
   - ☐ hielt den kleinen Fuchs fest.

3. Was witterte die Füchsin?

   ➡ Sie witterte _____ .

4. Was konnte die Füchsin nicht mehr?

   ➡ Sie konnte _____ .

5. Was tat der Hund am Ufer des Baches?

   ➡ Er knurrte _____ .

Wähle nun eine der folgenden Aufgaben für dein Lesetagebuch aus.

1. Schreibe auf, warum die Füchsin auf die andere Seite des Baches geschwommen ist.
2. Schreibe die Textstelle ab, die dir am besten gefällt.
3. Male die Füchsin im Versteck.

Literatur-Kartei: „Der Findefuchs"

Lesekontrolle
2. Kapitel
Leseseiten 22, 23

Der Hund

Überprüfe, ob du gut gelesen hast, und beantworte die Fragen.

1. Was hatte die Spur der Füchsin ausgelöscht?

   ➡ Das _____ hatte _____ .

2. Wo verschwand der Hund?

   ➡ Er _____ .

3. Was sagte die Füchsin zum kleinen Fuchs?

   ➡ „Wir _____."

4. Was musste die Füchsin tun, bevor sie weiterlaufen konnte?

   ➡ Sie _____ .

5. Was sagte die Füchsin schließlich zum kleinen Fuchs?

   ➡ „Wir _____."

Wähle nun eine der folgenden Aufgaben für dein Lesetagebuch aus.

1. Schreibe auf, was die Füchsin über das Wasser weiß.
2. Schreibe auf, was der Hund am Ufer des Baches denkt.
3. Male die Füchsin mit dem kleinen Fuchs.

Literatur-Kartei: „Der Findefuchs"

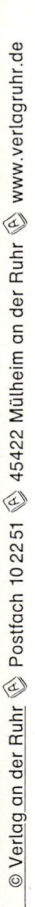

Geruchs-Experiment

Du brauchst: 1 Partner, 1 Zwiebel, 1 Zitrone, 1 Apfel, 1 Trinkglas, Wasser, 1 Messer, 1 Brett, 1 Tuch zum Augenverbinden

So geht es: Schneidet die Zwiebel, die Zitrone und den Apfel durch und führe dann mit deinem Partner folgendes Experiment durch.

1. Verbinde deinem Partner die Augen.
2. Lass den Partner mehrmals an der Zwiebel, der Zitrone und dem Apfel riechen.
3. Der Partner muss am Geruch erkennen, was du ihm unter die Nase hältst.
4. Wenn dein Partner die drei Gerüche gut unterscheiden kann, mache ein weiteres Experiment mit ihm.
5. Nimm eine Fruchthälfte (Zwiebel, Zitrone oder Apfel) ohne zu verraten welche und lege sie in das Trinkglas.
6. Achte darauf, dass du beim Hineinlegen den oberen Rand des Glases nicht mit der Frucht berührst.
7. Fülle nun das Trinkglas ganz mit Wasser auf.
8. Lass deinen Partner am Glas mit dem Wasser riechen.
9. Kann er mit verbundenen Augen riechen, was im Glas unter Wasser liegt?
10. Wechselt euch nun ab und führe mit dem Partner den Versuch von Punkt 1 bis 9 durch.

Schreibe in deinem Lesetagebuch auf, was du bei diesem Experiment beobachtet hast.

Überlege, welche Rolle das Wasser dabei spielt.

Literatur-Kartei: „Der Findefuchs"

Geruchs-Memory

Du brauchst: 1 Partner, 10–16 schwarze Filmdöschen, Watte, verschiedene Duftstoffe wie Parfüm, Essig, Duftöle, Fruchtstückchen, Gewürze, Waschpulver … ; Klebeetikett, Stift

So geht es:
1. Füllt in jedes Döschen unten etwas Watte.
2. Gebt in je zwei Döschen die gleichen Duftstoffe auf die Watte.
3. Schreibt auf zwei Klebeetiketten den eingefüllten Duft und klebt die Etiketten unter die Döschen.
4. Verschließt die Döschen.
5. Füllt so auch die anderen Döschen mit Duftstoffen.
6. Nun könnt ihr die Döschen mischen.
7. Spielt mit den Döschen Memory:
   - *Ein Partner öffnet immer zwei Döschen und riecht daran.*
   - *Merkt euch, wo welcher Duft steht.*
   - *Nun öffnet der andere zwei Döschen.*
   - *Wer glaubt, zwei gleich riechende Döschen gefunden zu haben, darf auf die Etiketten gucken.*
   - *Gleich riechende Döschen dürfen behalten werden.*
   - *Wer zum Schluss die meisten Döschen hat, hat gewonnen.*

Tipps:
- ✓ Besonders viel Spaß macht das Spiel, wenn mehrere Partnergruppen ihre Döschen zusammenstellen und mit ganz vielen Döschen und mehreren Kindern gespielt wird. – Viel Spaß!
- ✓ Ihr könnt auch ein Duftquiz veranstalten und mit verbundenen Augen an den Döschen riechen lassen. Wer den Duft errät, erhält einen Punkt.
- ✓ Dieses Spiel kann man auch mit zwei Mannschaften spielen.

Literatur-Kartei: *„Der Findefuchs"*

Der Körperbau des Hundes

Das am besten ausgeprägte **Sinnesorgan** des Hundes ist seine **Nase.** Aber auch sein **Gehör** ist so gut entwickelt, dass er auch **während des Schlafes** verdächtige Geräusche sofort wahrnimmt.

So geht es: Schau dir das Bild an und schreibe die Wörter aus dem Kasten auf die richtige Linie. Ein Hundebuch kann dir helfen.

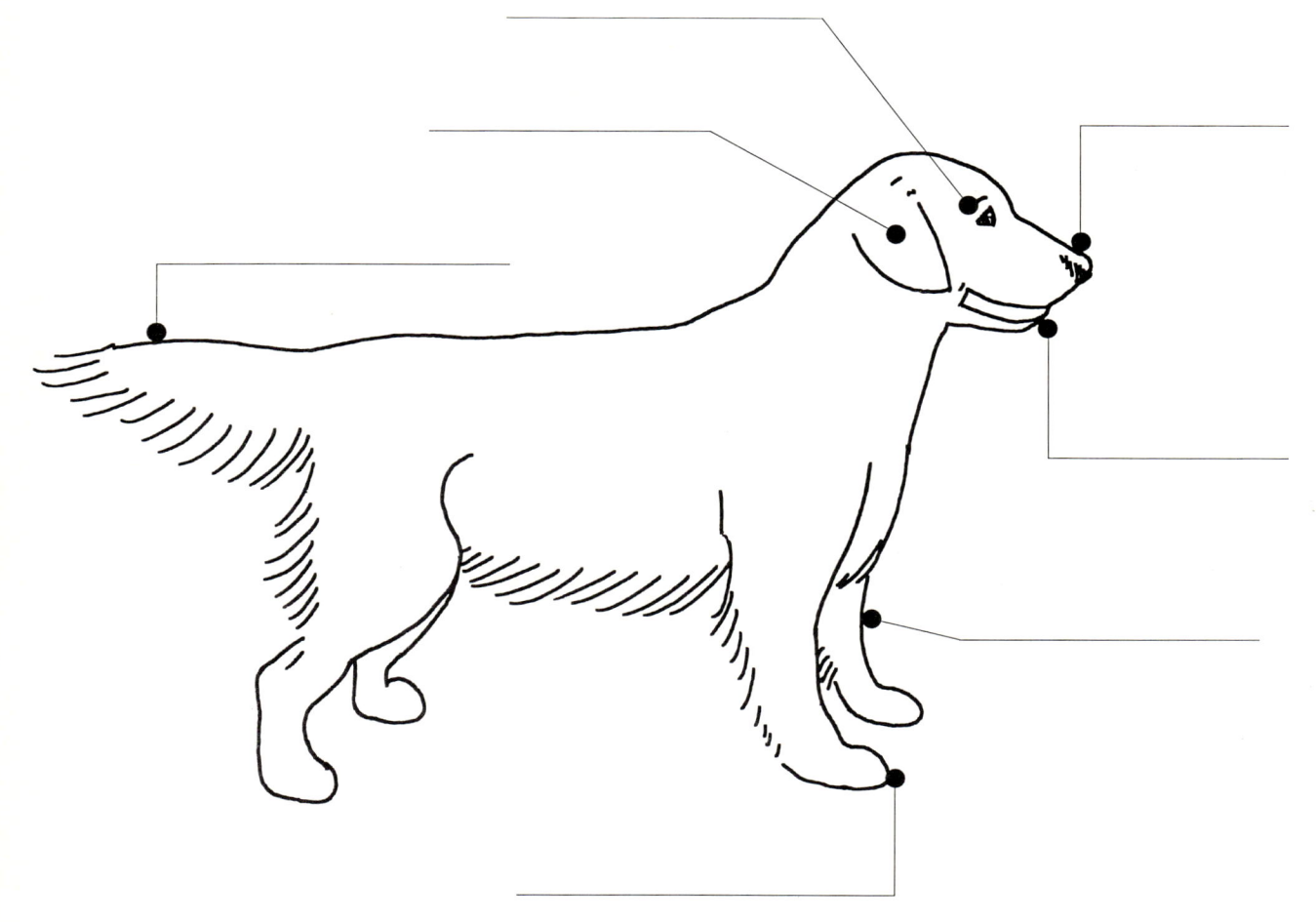

		Läufe
Fang	**Pfote**	
		Rute
Ohr	**Auge**	**Nase**

Literatur-Kartei: *„Der Findefuchs"*

(Lesetext)
Die Jagd

So geht es: Unterstreiche rot, was du dir über die Jagd merken willst.

Seit es Menschen gibt, gibt es auch die Jagd. Die frühen Menschen mussten jagen, um überleben zu können. Sie brauchten das Fleisch und Fell der wilden Tiere zum Leben. Damals gab es viele wilde Tiere und nur wenige Menschen. Später zähmten die Menschen die Tiere und machten sie zu Haustieren.

Mit der Erfindung von immer mehr Maschinen haben sich die Menschen ihr Leben erleichtert. Es gab immer mehr Menschen auf der Erde und immer weniger wilde Tiere. Deshalb musste die Jagd eingeschränkt und geregelt werden.

Jagen darf man heute nur noch, wenn man eine Prüfung zum Jäger abgelegt hat und ein Jagdgebiet besitzt oder betreut. Das Wild darf nur zu besonderen Zeiten gejagt werden. Einige Tiere dürfen überhaupt nicht gejagt werden. Sie stehen unter Naturschutz.

Die Aufgabe des Jägers ist es überwiegend das Wild zu beobachten, zu schützen und zu pflegen. Der Jäger ist zum Heger geworden. Er achtet darauf, dass sich das Wild gut entwickelt und nicht gestört wird. Er erschießt kranke oder verletzte Tiere, damit sie nicht leiden. Er füttert die Tiere, wenn sie im Winter kein Futter mehr finden. Er achtet darauf, dass es in seinem Gebiet nur so viele Tiere gibt, wie der Wald ernähren kann, ohne dass alles abgefressen wird.

Der Jäger beobachtet das Wild an bestimmten Plätzen. Häufig klettert er dafür auf einen selbstgebauten Turm aus Holz, einen Hochsitz. Dort wartet er oft viele Stunden still in der Dunkelheit. Der wichtigste Begleiter des Jägers ist sein Hund. Der Jagdhund hat eine bessere Nase als der Mensch. Er kann das Wild schon aus großer Entfernung riechen oder seine Spuren verfolgen. Der Hund zeigt dem Jäger so die Spur zum Wild.

Literatur-Kartei: "Der Findefuchs"

Der Jagdhund

Du brauchst: Buch über Hunde

So geht es:
1. Lies den Infotext auf diesem Arbeitsblatt.
2. Unterstreiche rot, was du dir merken willst und male das Bild an.

Der Hund ist das älteste Haustier des Menschen. Wahrscheinlich zähmte der Mensch wilde Wölfe, aus denen sich über Tausende von Jahren die verschiedenen Hunderassen entwickelten, die wir heute kennen.

Die Menschen nutzten die gezähmten Wölfe als Jagdbegleiter. Auch heute noch werden einzelne Hunderassen besonders für die Jagd ausgebildet. Der Vorstehhund spürt mit seiner feinen Nase das Wild auf, bleibt dann bewegungslos stehen und zeigt seinem Herrn so die Richtung an. Nachdem der Jäger das Tier erlegt hat, bringt der Hund das Wild zu seinem Herrn. Besonders schnelle und ausdauernde Hunde wie der Windhund werden bei der Treib- oder Hetzjagd eingesetzt. Sie scheuchen das Wild auf und treiben es durch den Wald vor die Flinte der Jäger. Der Dackel oder Dachshund ist klein und kann so leicht in den Bau von Hasen, Füchsen oder Dachsen eindringen und die Bewohner herausjagen.

Literatur-Kartei: „Der Findefuchs"

Hundesprache

Du brauchst: Buch über Hunde

So geht es: 1. Lies die Texte auf diesem Arbeitsblatt.
2. Verbinde die Hundebilder mit dem richtigen Text.

Der Hund „spricht" mit uns in seiner Sprache. Wir verstehen ihn, wenn er bellt, jault, knurrt oder winselt. Wir wissen dann, ob er uns warnt, ob er Schmerzen hat oder Hunger. Tiere „sprechen" aber auch durch ihren Körper und ihre Haltung. Menschen tun das auch.
Wenn dir z.B. jemand die Faust zeigt, weißt du, dass er dir droht. Verstehst du die Körpersprache der Hunde?

○ Der Hund legt sich auf den Rücken und unterwirft sich damit einem stärkeren Artgenossen. Er ergibt sich.

○ Der Hund legt die Ohren an, klemmt den Schwanz (Rute) ein und senkt den Kopf. Er zeigt, dass er Angst hat.

○ Der Hund springt mit aufgestelltem Schwanz hoch, hüpft auf und ab. Er zeigt, dass er spielen will.

○ Der Hund steht, hält den Kopf interessiert hoch und ist aufmerksam. Er zeigt, dass er etwas Interessantes entdeckt hat.

○ Der Hund streckt den Kopf nach vorne, zeigt seine Zähne und kneift die Augen zusammen. Er zeigt, dass er etwas verteidigen will und bereit ist anzugreifen.

Literatur-Kartei: „Der Findefuchs"

Hundeberufe

So geht es: 1. Lies den Text auf diesem Arbeitsblatt.
2. Setze den richtigen „Hundeberuf" ein.

Der _____
arbeitet mit dem Hirten zusammen, er bewacht eine Tierherde, hält sie zusammen und treibt sie weiter.

Der _____
bringt seine Halterin oder seinen Halter sicher durch den Straßenverkehr.

Der _____
begleitet den Förster und hilft ihm bei der Jagd.

Der _____
bewacht die Wohnung oder das Haus und begleitet die Familie als Freund und Spielgefährte.

Der _____
beschnüffelt Waren und Gepäck auf der Suche nach Rauschgift, Sprengstoff oder anderen gefährlichen Stoffen.

Der _____
begleitet den Polizeibeamten, wittert und verfolgt Fährten oder Spuren, verfolgt und stellt flüchtige Täter.

Der _____
spürt Verschüttete und Verletzte unter Schneelawinen oder Einsturztrümmern von Gebäuden auf.

Der _____
bewacht vor allem nachts größere unübersehbare Gelände oder bestimmte Gebäude.

Der _____
zieht allein oder in einer Gruppe von mehreren Hunden einen Schlitten, dem einzigen Fortbewegungsmittel in Gegenden mit viel Schnee und Eis.

Wachhund   **Hütehund**
  Schlittenhund
      Polizeihund   **Rettungshund**
Familienhund   **Blindenführhund**
   Zollhund   **Jagdhund**

Literatur-Kartei: „Der Findefuchs"

25

Viele Fragen zum Thema Hund

Du brauchst: Bücher über Hunde, Schreibblatt

So geht es: Versuche so viele Fragen wie möglich zu beantworten. Schreibe die Antworten mit den Nummern der Fragen auf ein Schreibblatt.

1. Von wem stammt der Hund ab?
2. Wie nennt man einen männlichen Hund?
3. Wie nennt man einen weiblichen Hund?
4. Wie nennt man die Hundekinder?
5. Welche „Berufe" kann ein Hund für den Menschen ausüben?
6. Welche Hunderassen kennst du?
7. Zu welcher Hunderasse gehört der Fernsehhund „Lassie"?
8. Welches Sinnesorgan ist beim Hund besonders gut ausgebildet?
9. Wie alt sollten die Hundebabies sein, wenn sie verkauft werden?
10. Wie erzieht man einen kleinen Hund liebevoll?

Erfinde selber Fragen und stelle sie deinen Mitschülern:

_____

_____

_____

_____

Literatur-Kartei: „Der Findefuchs"

Lesekontrolle
3. Kapitel
Leseseiten 24, 25

Der Dachs

**Überprüfe, ob du gut gelesen hast, und fülle den Lückentext aus.
Du kannst im Buch auf den Seiten 24 und 25 nachsehen!**

Inzwischen war es _____ geworden.

Mit dem kleinen Fuchs in der _____ lief die Füchsin

durch die _____ .

Es dauerte lange, bis sie _____ kam.

Da begegnete ihr der _____ .

Der Dachs blieb stehen. Er starrte die _____

und den kleinen Fuchs an und fragte:

„Was schleppst du denn heute mit dir herum?"

Die Füchsin wollte _____ .

Aber der Dachs _____ ihr den Weg

und fragte noch einmal:

„Was du da _____ , will ich wissen!"

(aus: Irina Korschunow: Der Findefuchs.
© 1982 Deutscher Taschenbuch Verlag,
München, S. 24, 25)

Wähle nun eine der folgenden Aufgaben für dein Lesetagebuch aus.

1. Schreibe auf, warum der Dachs für die Füchsin gefährlich ist.
2. Schreibe auf, was sich der Dachs vielleicht denkt.
3. Male den Dachs.

Literatur-Kartei: „Der Findefuchs"

Lesekontrolle
3. Kapitel
Leseseiten 26–28

Der Dachs

Überprüfe, ob du gut gelesen hast, und kreuze die richtigen Antworten an. Du kannst im Buch auf den Seiten 26, 27 und 28 nachsehen!

1. Die Füchsin zeigte dem Dachs die
   - ☐ die Krallen.
   - ☐ die Zähne.
   - ☐ die Pfoten.

2. Der Dachs wollte den Findefuchs
   - ☐ fressen.
   - ☐ adoptieren.
   - ☐ anschauen.

3. Die Füchsin schlug dem Dachs
   - ☐ mit ihren Zähnen ins Gesicht.
   - ☐ mit ihrem Schwanz ins Gesicht.
   - ☐ mit ihrer Pfote übers Gesicht.

4. Der Dachs war
   - ☐ böse und wild.
   - ☐ stark und schnell.
   - ☐ alt und schwach.

5. Die Füchsin kämpfte
   - ☐ mit Krallen und Zähnen.
   - ☐ mit Pfoten und Zähnen.
   - ☐ mit Händen und Füßen.

Wähle nun eine der folgenden Aufgaben für dein Lesetagebuch aus.

1. Schreibe auf, warum die Füchsin um den Findefuchs kämpft.

2. Schreibe auf, wieso die Füchsin stärker ist als der Dachs.

3. Male die Füchsin, wie sie mit dem Dachs kämpft.

Literatur-Kartei: „Der Findefuchs"

Der Dachs

Lesekontrolle
3. Kapitel
Leseseiten 30, 31

**Überprüfe, ob du gut gelesen hast, und fülle das Rätsel aus.
Wenn du richtig ausgefüllt hast, erhältst du von oben nach unten gelesen ein Lösungswort.**

1. *Um wen kämpfte die Füchsin?*
   Sie kämpfte um den …

2. *Wohin biss der Dachs die Füchsin?*
   Er biss sie in die …

3. *Wohin schlug ihr der Dachs eine Schramme?*
   Er schlug ihr eine Schramme in die …

4. *Was sollte der Dachs statt des Findefuchses fressen?*
   Er sollte … und … fressen.

5. Die Füchsin hatte den Dachs …

6. Die Füchsin sagte:
   „Wir sind gleich zu … ."

7. *Wo schlüpfte die Füchsin mit dem Findefuchs hinein?*
   Sie schlüpfte in den …

Lösungswort: _____

Wähle nun eine der folgenden Aufgaben für dein Lesetagebuch aus.

1. Schreibe mit eigenen Worten auf, was auf den Seiten 30 und 31 passiert.

2. Schreibe die Textstelle ab, die dir am besten gefällt.

3. Male die Füchsin, wie sie in den Bau kriecht.

Literatur-Kartei: *„Der Findefuchs"*

(Lesetext)
So lebt der Dachs

So geht es: 1. Lies den Text über den Dachs.
2. Beantworte die Fragen auf dem Arbeitsblatt.

Der Dachs ist ungefähr so groß
wie ein ausgewachsener Fuchs.
Sein Fell ist auf der Rückenseite grau meliert,
am Bauch dunkler. Sein Kopf ist weiß
und hat zwei schwarze Streifen,
die von der Nase bis über die Ohren verlaufen.

Der Dachs lebt in einem unterirdischen Bau
im Wald. Er gräbt sich diesen Bau
mit seinen kräftigen Vorderfüßen,
an denen große Krallen sitzen.
Wenn es dunkel wird, geht der Dachs
auf Nahrungssuche. Er frisst alles:
Mäuse, Maulwürfe, Vögel, Frösche, Spinnen,
Schnecken, Käfer, Eicheln, Bucheckern,
Wurzeln, Beeren, Obst, Getreide, Eier ... .

Im Februar oder März bringt das Dachsweibchen
3–5 Junge zur Welt. Im Winter verbringt
der Dachs ungefähr drei Monate in seiner Höhle,
die er in dieser Zeit nur selten verlässt.
Für diese Ruhezeit frisst er sich im Sommer
eine dicke Fettschicht an.

Literatur-Kartei: „Der Findefuchs"

(Arbeitsblatt)

So lebt der Dachs

1. Wo lebt der Dachs?

_____

2. Was frisst der Dachs?

_____

_____

3. Wann schläft der Dachs?

_____

4. Wann jagt der Dachs?

_____

5. Wann bekommt das Dachsweibchen seine Jungen?

_____

6. Wie lange bleibt der Dachs im Winter in seinem Bau?

_____

7. Was muss der Dachs für diese Winterruhe im Sommer tun?

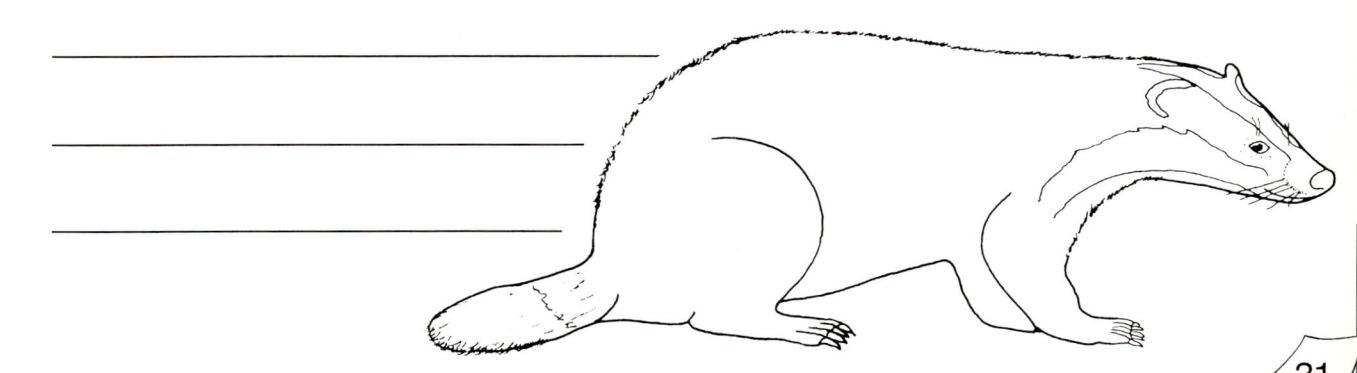

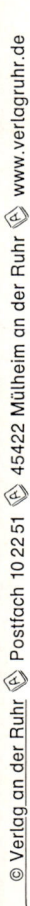

_____

_____

Literatur-Kartei: _„Der Findefuchs"_

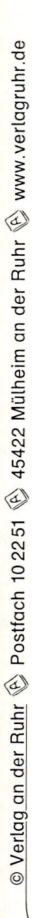

Quiz zu Fuchs und Dachs

Du brauchst: Bearbeite die Arbeitsblätter
„So lebt der Fuchs" (S. 11 und 12)
und „So lebt der Dachs" (S. 30 und 31),
Schere, Stift, Kleber, Pappe, Partner

So geht es:
1. Klebt die Karten als Ganzes auf eine Pappe und schneidet dann die Fragekärtchen auseinander.
2. Beantwortet die Fragen mit Hilfe der oben genannten Arbeitsblätter. Schreibt die Antwort unter die Frage.
3. Mischt die Fragekärtchen und legt sie verdeckt auf den Tisch.
4. Zieht abwechselnd eine Karte und stellt dem Partner die Frage. Kontrolliert die Antwort.
5. Wer die Frage richtig beantworten kann, erhält die Karte.
6. Wer die meisten Karten hat, hat das Spiel gewonnen.

Tipp: Bastelt euch selber ein Fragespiel zu einem anderen Waldtier.

Literatur-Kartei: „Der Findefuchs"

Quiz zu Fuchs und Dachs

Wann geht der Fuchs auf die Jagd?	Frisst ein Fuchs kleine Tiere?	Wann verlassen die Fuchskinder ihre Mutter?	Frisst ein Dachs kleine Tiere?	Wo verbringt der Dachs den Winter?
Wann bringt die Füchsin ihre Jungen zur Welt?	Frisst ein Fuchs Obst?	Was tut der Fuchs am Tag?	Frisst ein Dachs Spinnen?	Welche Farbe hat das Fell des Dachses?
Wie lange säugt die Füchsin ihre Kinder?	Frisst ein Fuchs Getreide?	Wann geht der Dachs auf die Jagd?	Frisst ein Dachs Beeren?	Welche Farbe hat das Fell des Fuchses?
Wie viele Junge bekommt eine Füchsin?	Worin wohnt ein Fuchs?	Wann bringt das Dachsweibchen seine Jungen zur Welt?	Frisst ein Dachs Eier?	Womit gräbt sich der Dachs seinen Bau?
Wie groß ist das Jagdgebiet eines Fuchses?	Wer versorgt die Füchsin, während sie die Kinder säugt?	Wie viele Junge bekommt das Dachsweibchen?	Worin wohnt ein Dachs?	Wo hat der Dachs zwei schwarze Streifen?

Literatur-Kartei: „Der Findefuchs"

(Lesetext / Ausschneideblatt)

Die Stockwerke des Waldes

So geht es:
1. Lies den Text.
2. Schneide die Kärtchen unten aus und klebe sie in die richtige Schicht auf dem Arbeitsblatt.
3. Male das Arbeitsblatt an.

Im Wald wachsen viele verschiedene Pflanzen:
Bäume, Sträucher, Blumen, Kräuter, Pilze, Moos … .
Im Wald leben viele verschiedene Tiere:
Füchse, Hasen, Vögel, Eichhörnchen, Rehe, Wildschweine, Dachse, Igel, Insekten … .
Der Wald ist ein wichtiger **Lebensraum** für Pflanzen und Tiere.
Diesen Lebensraum teilen sich die unterschiedlichen Pflanzen und Tiere so, dass für jeden genügend Raum und Nahrung bleibt. Ähnlich wie in einem Mehrfamilienhaus haben Pflanzen und Tiere ihren besonderen Wohnraum. Dabei bilden die Pflanzen je nach Wuchshöhe bestimmte „Stockwerke".
Das unterste Stockwerk bilden die Wurzeln der Bäume, Sträucher und Blumen, die unterschiedlich tief im Boden sitzen – dieses Stockwerk ist die **Wurzelschicht.**
Darüber befindet sich die **Moosschicht,** in der Moose, Flechten und Pilze wachsen.
Die anschließende **Krautschicht** bedeckt den Waldboden mit Blumen, Gräsern, Farnen und Kräutern.
Junge Bäume und Sträucher wachsen in der anschließenden **Strauchschicht.**
Im obersten Stockwerk, der **Baumschicht,** befinden sich die Baumkronen der Laub- und Nadelbäume.
Sie bilden das Dach des „Waldhauses".

| Wurzelschicht | Moosschicht | Krautschicht | Strauchschicht | Baumschicht |

Literatur-Kartei: „Der Findefuchs"

(Arbeitsblatt)
Die Stockwerke des Waldes

Literatur-Kartei: „Der Findefuchs"

Lesekontrolle
4. Kapitel
Leseseiten 34, 35

Die Fuchskinder

Überprüfe, ob du gut gelesen hast, beantworte die Fragen und kreuze die richtigen Antworten an. Du kannst im Buch auf den Seiten 34 und 35 nachsehen!

1. *Was sagte die Füchsin, als sie in den Bau kam?*

    ➡ „Da _____."

2. *Was taten die Fuchskinder?*

    ➡ Die drei Fuchskinder _____ .

3. *Wen legte die Füchsin zwischen ihre Kinder?*

    ➡ Die Füchsin _____

    _____ .

4. *Was sagte die Füchsin?* ➡ „Ich _____

    _____ ."

5. Die drei Kinder ☐ beschnüffelten den Findefuchs.
    ☐ berochen den Findefuchs.
    ☐ leckten den Findefuchs.

Wähle nun eine der folgenden Aufgaben für dein Lesetagebuch aus.

1. Schreibe auf, was die Fuchskinder denken oder sagen.
2. Schreibe auf, was die Füchsin denkt, als sie ihren Kindern den Findefuchs zeigt.
3. Male die Fuchskinder im Bau.

Literatur-Kartei: *„Der Findefuchs"*

Lesekontrolle
4. Kapitel
Leseseiten 36, 37

Die Fuchskinder

Überprüfe, ob du gut gelesen hast, und beantworte die Fragen.

1. *Wie roch der kleine Fuchs?*

   ➡ Er roch _____ .

2. *Wie rochen die anderen Fuchskinder?*

   ➡ Jedes _____ .

3. *Was spielten die kleinen Füchse nach dem Trinken?*

   ➡ Sie spielten _____ . Sie spielten _____ . Sie spielten _____ .

4. *Was tat die Füchsin, während ihre Kinder spielten?*

   ➡ Die _____ .

   ➡ Sie _____ .

Wähle nun eine der folgenden Aufgaben für dein Lesetagebuch aus.

1. Schreibe auf, was die Füchsin denkt, als sie die spielenden Fuchskinder beobachtet.
2. Schreibe Spiele auf, die du gerne mit deinen Geschwistern oder Freunden spielst.
3. Male die spielenden Fuchskinder.

Literatur-Kartei: „Der Findefuchs"

Tier- und Waldgeschichten

Du brauchst: Schreibblatt, Stifte, Schere, Überschrift mit Bild

So geht es:
1. Wähle eine Überschrift aus.
2. Schneide sie zusammen mit dem kleinen Bild aus und klebe sie auf das Schreibpapier.
3. Schreibe eine Geschichte zu deiner Überschrift und lies sie in einer Leserunde vor.
4. Hefte deine Geschichte in dein Lesetagebuch.

Der kleine Spatz wird gerettet

Das Eichhörnchen findet Freunde

Lisa findet einen kranken Igel

Als der Iltis kein Iltis mehr sein wollte

Die verzauberten Kastanien

Das zahme Reh

Der Aufstand der Waldzwerge

Literatur-Kartei: „Der Findefuchs"

Tierkinder im Wald

Der Fuchs bekommt einmal im Jahr 4–8 Kinder. Die frischgeborenen Tierkinder nennt man Wurf. Die Tierkinder nennt man Junge. Andere Waldtiere bekommen mehrmals im Jahr Junge, bei ihnen gibt es mehrere Würfe.

So geht es: Rechne aus, wie viele Junge die einzelnen Tiere im Jahr bekommen.

1. Die **Waldmaus** wirft etwa 6-mal im Jahr im Durchschnitt 6 Junge.

    Das sind insgesamt ☐ Junge im Jahr.

2. Das **Eichhörnchen** wirft etwa 2-mal im Jahr im Durchschnitt 4 Junge.

    Das sind insgesamt ☐ Junge im Jahr.

3. Der **Dachs** wirft einmal im Jahr im Durchschnitt 4 Junge.

    Das sind insgesamt ☐ Junge im Jahr.

4. Der **Hase** wirft etwa 5-mal im Jahr im Durchschnitt 7 Junge.

    Das sind insgesamt ☐ Junge im Jahr.

5. Das **Reh** wirft einmal im Jahr im Durchschnitt 2 Junge.

    Das sind insgesamt ☐ Junge im Jahr.

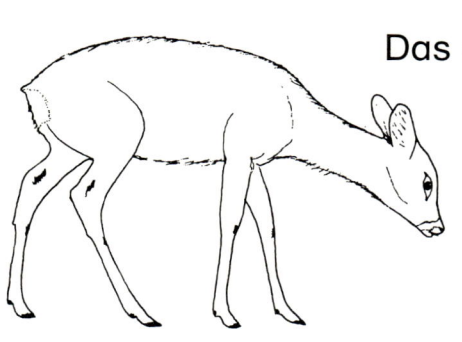

Literatur-Kartei: „Der Findefuchs"

Tierfamilien

In der Tierfamilie gibt es wie in der Menschenfamilie einen Vater, eine Mutter und Kinder.
Je nach Tierart werden die Väter, Mütter und Kinder unterschiedlich benannt.

So geht es: Stelle die Tierfamilien richtig zusammen und schreibe sie neben die Tierart. Verwende dazu die Wörter im Kasten unten.

Tierart	Vater	Mutter	Kind
Fuchs	Rüde	Fähe	Welpe
Hund			
Katze			
Ente			
Gans			
Huhn			
Pferd			
Rind			
Wildschwein			
Hirsch			
Reh			

Rüde – Gans – Katze – Erpel – Hahn – Stier – Hengst – Keiler – Hirsch – Bock – Hündin – Ganter – Kater – Ente – Henne – Kuh – Stute – Bache – Hirschkuh – Ricke – Welpe – Küken – Küken – Küken – Kalb – Fohlen – Frischling – Kalb – Kitz – Kätzchen

Literatur-Kartei: „Der Findefuchs"

Tierspuren oder Tierfährten

So geht es: Schau dir die Fußabdrücke an und überlege, welche Spur/Fährte zu welchem Tier gehört. Verbinde! Ein Tierbuch kann dir helfen.

Die Waldtiere hinterlassen im weichen Waldboden Fußabdrücke, Haare und Kot. Daran lässt sich sehen, welches Tier diesen Weg genommen hat. Die Fußabdrücke von Tieren mit Hufen wie Reh, Hirsch, Wildschwein etc. nennt man **Fährten**. Tiere mit Tatzen und Pfoten hinterlassen **Spuren**.

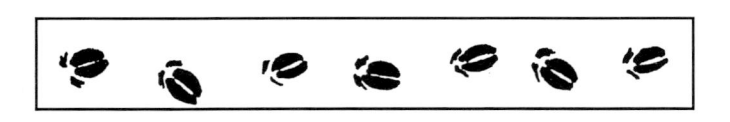

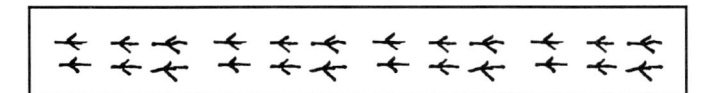

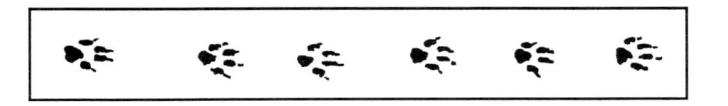

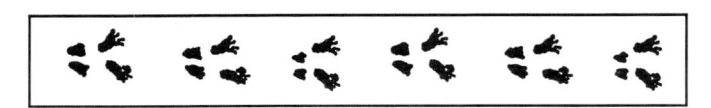

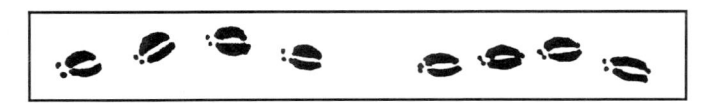

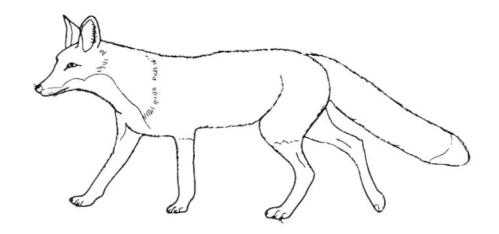

Literatur-Kartei: „Der Findefuchs"

(Lesetext)

Tierbauten

Im Wald haben viele Tiere ihre eigene Wohnung. Manche Tiere verbringen den Tag in diesem Bau und gehen nur nachts auf die Jagd. Viele Tiere haben eine Wohnung, um dort ihre Jungen zur Welt zu bringen und groß zu ziehen. Andere Tiere brauchen ihre Wohnung besonders im Winter, weil sie dann Winterschlaf halten.

Das Eichhörnchen wohnt in einem kugelförmigen Nest, das es sich in einer Astgabel aus Ästen und Zweigen baut. Innen ist dieses Nest (Kobel) mit Moos, Blättern und Gras ausgepolstert.

Der Fuchs und der Dachs graben sich einen unterirdischen Bau. Mehrere Ausgänge führen vom eigentlichen „Wohnkessel" ins Freie. Manchmal zieht ein Fuchs auch in einen verlassenen Dachsbau ein und übernimmt die fertige Wohnung.

Der Igel sucht sich seinen Unterschlupf unter Büschen, einem ausgehöhlten Baumstamm oder Ähnlichem und baut sich darin ein Nest aus Zweigen und Blättern.

Das Wildschwein zieht sich tagsüber in das dichte Unterholz zurück und gräbt sich dort eine Kuhle in den Boden, in die es sich hineinlegt.

Der Specht zieht in einen hohlen Baumstamm ein oder zimmert sich diese Höhle selber.

Auch die Eulen ziehen sich gerne tagsüber in hohle Baumstämme zurück und verschlafen das Licht des Tages und warten auf die Nacht, in der sie jagen.

Literatur-Kartei: „Der Findefuchs"

(Arbeitsblatt)
Tierbauten

Du brauchst: Lesetext, Arbeitsblatt, Tierbuch

So geht es: 1. Lies den Infotext.
2. Verbinde die Tiere mit dem richtigen Bau.

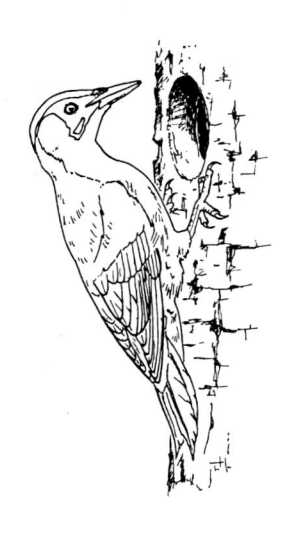

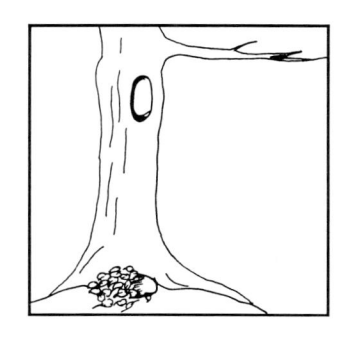

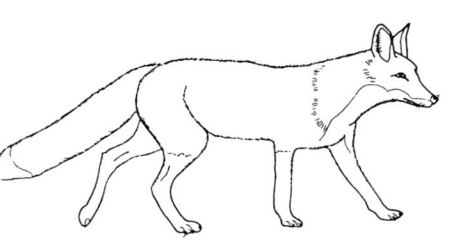

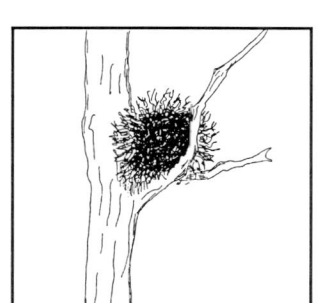

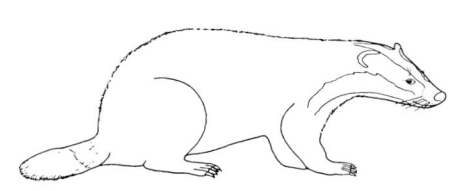

Literatur-Kartei: „Der Findefuchs"

43

Sträucher im Wald

Du brauchst: Buch über Sträucher

So geht es: Schreibe die Namen der Sträucher aus dem Kästchen unter das passende Bild und male richtig an.

Viele Waldtiere ernähren sich von den Früchten der Waldsträucher. Früchte und Beeren sind im Winter, wenn Schnee liegt, eine wichtige Futterquelle für die Vögel.
Das Eichhörnchen und andere Waldbewohner legen bereits im Herbst einen Futtervorrat aus Herbstfrüchten an. Der Igel futtert sich ein Fettpolster für den Winterschlaf an.

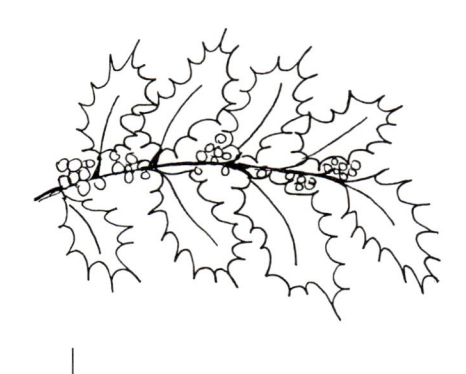

Brombeere   **Holunder**   **Haselnuss**   **Ilex**   **Schlehe**

Literatur-Kartei: „Der Findefuchs"

Lesekontrolle
5. Kapitel
Leseseiten 38, 39

Die Nachbarin

Überprüfe, ob du gut gelesen hast, und beantworte die Fragen.

1. *Wen traf die Füchsin vor dem Eingang des Baus?* ➡ Vor _____

   _____ .

2. *Was fragte die Nachbarin?* ➡ „Wie geht _____

   _____ ?"

3. *Die Füchsin antwortete:* ➡ „Aber es sind _____ .

   Es sind _____ ."

4. *Die Nachbarin wunderte sich und sagte:* ➡ „Seltsam. Gestern _____

   _____ ."

5. *Die Füchsin antwortete:* ➡ „Ich habe _____

   _____ ."

Wähle nun eine der folgenden Aufgaben für dein Lesetagebuch aus.

1. Schreibe auf, worüber sich die Nachbarin wundert.
2. Schreibe den Text der Seiten 38 und 39 ab.
3. Male die Nachbarin.

Literatur-Kartei: „Der Findefuchs"

Lesekontrolle
5. Kapitel
Leseseiten 40–42

Die Nachbarin

**Überprüfe, ob du gut gelesen hast, und fülle den Lückentext aus.
Du kannst im Buch auf den Seiten 40, 41 und 42 nachsehen!**

„Ob ich ihn brauche oder nicht, ist mir egal", sagte die Füchsin.

„Ich habe ihn _____ und ihm zu _____ gegeben.

Ich habe ihn _____ geschleppt.

Ich bin mit ihm vor dem _____ und musste

sogar _____ kämpfen. Mein Findefuchs soll

_____ bleiben." „Du bist _____", sagte die Nachbarin.

„Deine Kinder werden größer. Bald wollen sie _____ fressen.

Willst du etwa für ein _____ auf die Jagd gehen?"

„Wo _____ Kinder satt werden", sagte die Füchsin, „langt es

auch für ein _____. Lass mich in Ruhe mit deinem

_____." Die Nachbarin schüttelte den Kopf. „Dir kann man

nicht _____", sagte sie. „Was ist denn eigentlich so _____

an deinem Findefuchs?" „Besonderes?"

(aus: Irina Korschunow: Der Findefuchs.
© 1982 Deutscher Taschenbuch Verlag,
München, S. 40, 41, 42)

Wähle nun eine der folgenden Aufgaben für dein Lesetagebuch aus.

1. Schreibe auf, was die Füchsin über das vierte Kind denkt.
2. Male die Füchsin mit ihrer Nachbarin.

46

Literatur-Kartei: „Der Findefuchs"

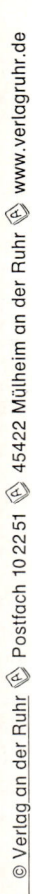

Der Baum

So geht es:
1. Lies den kleinen Text unten.
2. Schreibe die fett gedruckten Wörter auf die passenden Linien.

Jeder Baum hat einen **Stamm**. Der Stamm wird
von einer **Rinde** geschützt. Oben aus dem Stamm
wachsen dicke **Äste** und dünnere **Zweige**.
An den Zweigenden wachsen die **Blätter**.
Die Äste, Zweige und Blätter nennt man zusammen
die **Baumkrone**. Kräftige **Wurzeln** halten
den Baum in der Erde fest und versorgen ihn
mit Wasser und Nahrung.

Literatur-Kartei: „Der Findefuchs"

Laubbäume

So geht es:
1. Lies die Beschreibung der Blätter.
2. Verbinde die Beschreibung mit dem richtigen Blatt.

Baumblätter nennt man auch **Laub**. Darum heißen die Bäume, an denen Blätter wachsen **Laubbäume**. Es gibt viele verschiedene Laubbäume, deren Blätter unterschiedlich aussehen. Du kannst die Bäume an ihren Blättern erkennen.

Die Blätter der **Linde** sehen fast aus wie ein Herz.

Die Blätter der **Kastanie** sehen aus wie eine Hand mit gespreizten Fingern.

Die Blätter der **Eiche** haben einen Rand, der wie Bögen oder Wellen aussieht.

Die Blätter des **Ahorn** haben viele unterschiedliche Zacken.

Die Blätter der **Buche** haben fast die Form eines Eies.

Die Blätter der **Birke** sind etwas kleiner und haben kleine Zacken am Rand.

Literatur-Kartei: *„Der Findefuchs"*

Laubbaum-Früchte

So geht es: 1. Schreibe die Namen des Baumes neben jedes Blatt.
2. Verbinde die Blätter mit der passenden Frucht.

Im Herbst tragen die Bäume Früchte.
Viele dieser Früchte ernähren die Waldtiere.

_____

_____

_____

_____

_____

Literatur-Kartei: *"Der Findefuchs"*

Nadelbäume

Du brauchst: Buch über Nadelbäume

So geht es: Schreibe die Namen der Nadelbäume unter das passende Bild und male es an.

Nicht alle Bäume haben Blätter.
Einige Bäume tragen **Nadeln**.
Sie heißen deshalb **Nadelbäume**.
Nadelbäume sind immer grün, weil sie ihre Nadeln nicht abwerfen wie die Laubbäume ihre Blätter.
Nur ein Nadelbaum wirft seine Nadeln im Herbst ab – das ist die Lärche.

_____   _____

_____   _____

Fichte   Kiefer   Tanne   Lärche

Literatur-Kartei: „Der Findefuchs"

Waldarten

So geht es: Lies die Texte und schreibe die richtige Waldart unten zu den Zeichen.

Der Laubwald

In einem Laubwald stehen nur Laubbäume, also Bäume, die Blätter (Laub) tragen. Das sind zum Beispiel Eiche, Ahorn, Birke, Buche, Esche und andere.
In einem Laubwald stehen aber nicht immer alle diese Baumarten gleichzeitig.
Laubbäume wachsen langsamer als Nadelbäume und können für die Holzgewinnung erst nach 140 bis 180 Jahren gefällt werden.
Im Winter, wenn die Bäume ihr Laub verlieren, sind die Laubwälder kahl.
Auf einer Karte wird für den Laubbaum folgendes Zeichen gemacht: Ω.

Der Nadelwald

In einem Nadelwald stehen nur Nadelbäume. Das sind zum Beispiel Fichten, Tannen, Kiefern, Lärchen und andere.
Häufig werden heute Nadelwälder mit nur einer Baumsorte z.B. Fichten angepflanzt, weil sie besonders schnell wachsen und schnell Holz liefern. Holz wird vor allem zum Bauen und zur Papierherstellung genutzt.
Im Winter bleibt der Nadelwald grün, weil die Bäume ihre Nadeln behalten.
Auf einer Karte wird für den Nadelbaum folgendes Zeichen gemacht: Λ.

Der Mischwald

In einem Mischwald stehen Laubbäume und Nadelbäume gemeinsam.
In einem Mischwald können die Bäume besser wachsen, weil sie dem Boden unterschiedliche Nährstoffe entziehen.
Da Laubbäume und Nadelbäume auch unterschiedliche Wurzeln haben, (tief oder flach) halten sie sich gegenseitig, wenn es stürmt.
Einen Mischwald kann man besonders gut im Herbst erkennen, denn dann leuchten die Nadelbäume grün zwischen den bunten Laubbäumen.

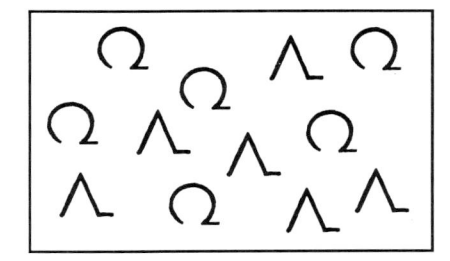

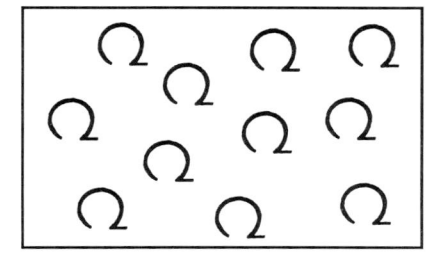

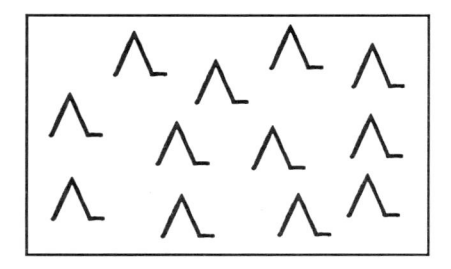

Literatur-Kartei: „Der Findefuchs"

Lesekontrolle
6. Kapitel
Leseseiten 43, 44

Der kleine Fuchs hat eine Mutter

Überprüfe, ob du gut gelesen hast, und fülle den Lückentext aus. Du kannst im Buch auf den Seiten 43 und 44 nachsehen!

Die Füchsin schlüpfte in den Bau, um den _____ zu holen.

Doch sie konnte ihn nicht mehr _____ . Sie sah das

_____ Kind an. Sie sah das _____ Kind an.

Sie sah das _____ und das _____ Kind an.

_____ sahen wie ihre kleinen Füchse aus.

Sie _____ eins nach dem anderen, das _____ Kind,

das _____ Kind, das _____ und das _____ .

_____ rochen _____ . _____ konnte der

_____ sein oder nicht. „Komm her, mein Findefuchs",

lockte sie. Da kamen _____ Fuchskinder angekrochen

und kuschelten sich in ihr Fell. Die Füchsin steckte den Kopf aus dem

Bau. „Es tut mir _____, ich kann dir den Findefuchs nicht zeigen."

(aus: Irina Korschunow: Der Findefuchs.
© 1982 Deutscher Taschenbuch Verlag,
München, S. 43, 44)

Wähle nun eine der folgenden Aufgaben für dein Lesetagebuch aus.

1. Schreibe auf, wieso die Füchsin den Findefuchs nicht mehr herausfinden kann.

2. Male die Füchsin mit ihren Kindern.

Literatur-Kartei: „Der Findefuchs"

Lesekontrolle
6. Kapitel
Leseseiten 45, 46

Der kleine Fuchs hat eine Mutter

Überprüfe, ob du gut gelesen hast, und beantworte die Fragen.

1. *Was sagte die Füchsin zur Nachbarin?* ➡ „Ich habe _____

   _____

   _____."

2. *Was rief die Nachbarin?* ➡ „Wie _____."

3. *Was musste die Füchsin?* ➡ Die Füchsin _____ .

4. *Was sagte die Füchsin dann?* ➡ „Das ist doch _____

   _____."

5. *Was war der Findefuchs von da an?* ➡ Er war _____

   _____ .

6. *Wie kümmerte sich die Füchsin um den kleinen Fuchs?* ➡ _____

   _____

   _____ .

Wähle nun eine der folgenden Aufgaben für dein Lesetagebuch aus.

1. Schreibe auf, wie dir die Geschichte vom Findefuchs gefallen hat.

2. Schreibe auf, was dir an der Geschichte vom Findefuchs am besten gefallen hat.

Literatur-Kartei: *„Der Findefuchs"*

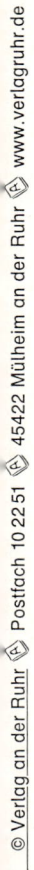

Lückentext

So geht es: 1. Lies dir den Lückentext durch.
2. Schreibe die Verben (Tätigkeitswörter) in der richtigen Form auf. Das Beispiel hilft dir.

Der Findefuchs

Die Füchsin *(schnüffeln)* __**schnüffelt**__ am kleinen Fuchs.

Der kleine Fuchs *(riechen)* _____ wie alle kleinen Füchse.

Die Füchsin *(geben)* _____ ihm zu trinken und *(nehmen)* _____ den Fuchs mit der Schnauze auf.

Sie *(tragen)* _____ ihn in ihren Bau.

Ihre Kinder *(beschnuppern)* _____ den kleinen Fuchs.

Dann *(trinken)* _____ sie bei ihrer Mutter und *(spielen)* _____ zusammen.

Die Nachbarin *(begrüßen)* _____ die Füchsin und *(fragen)* _____ sie nach ihren Kindern.

Die Füchsin *(rufen)* _____ den Findefuchs, *(können)* _____ aber nicht mehr herausfinden, welches Kind der Findefuchs *(sein)* _____ .

Literatur-Kartei: *„Der Findefuchs"*

Lernwörter zum Findefuchs

Fuchs – Füchsin – Pfote – Jäger – Hund – Fell – Gebüsch – Bau – Baum – Bäume – Zähne – Schnauze – Krallen – Kopf – Bauch – Jagd – Kind – Kinder – Angst – riechen – roch – trinken – trank – bellen – winseln – schnüffeln

1. Schreibe alle Lernwörter ab.

2. Schreibe alle Lernwörter nach Sprechsilben getrennt.
   Mut – ter, Pfo – te, ...

3. Ordne die Lernwörter so in eine Tabelle ein:

Nomen (Namenwörter)	Verben (Tätigkeitswörter)
der Fuchs	riechen
die Füchsin	roch

4. Schreibe alle Nomen (Namenwörter) mit dem passenden Begleiter (der, die, das) auf:
   der Fuchs, die Füchsin, die ...

5. Übe die Lernwörter im Partnerdiktat.

Literatur-Kartei: „Der Findefuchs"

Literatur-Kartei:
„Der Findefuchs"

Arbeitsblatt, Seite 7

Lösung:
Lesekontrolle
1. Kapitel
Leseseite 8

Der kleine Fuchs ist allein

1. Die Füchsin fragte den Findefuchs,
   - ☐ wo seine Mutter ist.
   - ☒ ob er keine Mutter mehr hat.
   - ☐ wann seine Mutter wiederkommt.

2. Der kleine Fuchs roch
   - ☒ wie alle kleinen Füchse.
   - ☐ wie jeder Fuchs.
   - ☐ wie ein fremder Fuchs.

3. Die Füchsin nannte ihn
   - ☐ einen armen kleinen Alleinfuchs.
   - ☐ einen armen kleinen Jungfuchs.
   - ☒ einen armen kleinen Findefuchs.

4. Endlich hörte der Findefuchs auf
   - ☒ zu winseln.
   - ☐ zu jammern.
   - ☐ zu weinen.

5. Die Füchsin war schön
   - ☐ mollig.
   - ☐ weich.
   - ☒ warm.

Literatur-Kartei:
„Der Findefuchs"

Arbeitsblatt, Seite 6

Lösung:
Lesekontrolle
1. Kapitel
Leseseiten 5–7

Der kleine Fuchs ist allein

1. *Wo lag der kleine Fuchs?*
   → **Der kleine Fuchs lag ganz allein im Gebüsch.**

2. *Auf wen wartete der kleine Fuchs?*
   → **Der kleine Fuchs wartete auf seine Mutter.**

3. *Warum konnte seine Mutter nicht kommen?*
   → **Der Jäger hatte sie totgeschossen.**

4. *Was hatte der kleine Fuchs?*
   → **Er hatte Hunger/Angst.**

5. *Was tat der kleine Fuchs?*
   → **Er winselte und weinte.**

6. *Wer kam vorbei?*
   → **Eine Füchsin kam vorbei.**

7. *Wie viele Kinder hatte die Füchsin zu Hause?*
   → **Sie hatte drei Kinder zu Hause in ihrem Bau.**

8. *Was fragte die Füchsin?*
   → **„Was ist denn los mit dir?"**

Literatur-Kartei:
„Der Findefuchs"

Arbeitsblatt, Seite 14

Lösung:
Lesekontrolle
2. Kapitel
Leseseite 12

Der Hund

Als der kleine Fuchs genug getrunken hatte, **schlief** er ein.

Die Füchsin lag immer noch **neben** ihm.

Sie freute sich, dass der **Findefuchs** satt und **zufrieden** war.

Vielleicht kommt seine **Mutter** bald zurück, dachte sie.

Aber die Mutter kam **nicht.**

Schließlich stand die **Füchsin** auf.

Sie hatte keine **Zeit** mehr.

Sie musste **nach Hause** zu ihren **Kindern.**

„Schlaf weiter, Findefuchs", sagte sie und wollte aus dem **Gebüsch** schlüpfen.

(aus: Irina Korschunow: Der Findefuchs.
© 1982 Deutscher Taschenbuch Verlag,
München, S. 12)

Literatur-Kartei:
„Der Findefuchs"

Arbeitsblatt, Seite 8

Lösung:
Lesekontrolle
1. Kapitel
Leseseiten 10, 11

Der kleine Fuchs ist allein

1. *Wohin kroch der kleine Fuchs?*
   ➔ Er kroch **an ihren Bauch.**

2. *Was suchte der kleine Fuchs?*
   ➔ Er suchte **nach der Milch.**

3. *Was tat die Füchsin?*
   ➔ Die Füchsin **wich zurück.**

4. *Warum wich die Füchsin zurück?*
   ➔ Sie **musste für ihre eigenen Kinder sorgen.**

5. *Was tat der kleine Fuchs?*
   ➔ Der kleine Fuchs **winselte.**

6. *Was tat der kleine Fuchs, als er die Milch fand?*
   ➔ Er **schmatzte und gluckste und schluckte und hörte gar nicht wieder auf.**

7. *Was sagte die Füchsin zum kleinen Fuchs?*
   ➔ „Trink nur, **kleiner Findefuchs."**

Literatur-Kartei:
„Der Findefuchs"

Lösung:
Lesekontrolle
2. Kapitel
Leseseite 16, 17

Arbeitsblatt, Seite 16

Der Hund

J	Ä	G	E	R

B	E	L	L	T	E

F	Ü	C	H	S	I	N

N	A	S	E

H	U	N	D

R	E	N	N	E	N

1. Wem gehörte der Hund?
   Er gehörte dem …

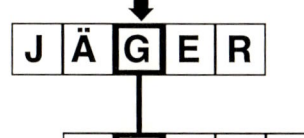

2. Was tat der Hund?
   Er …

3. Wessen Spuren witterte der Hund?
   Er witterte die Spuren der …

4. Womit witterte der Hund die Füchsin?
   Er witterte sie mit seiner …

5. Wen versuchte die Füchsin abzuschütteln?
   Sie versuchte den ……… abzuschütteln.

6. Was musste die Füchsin tun, damit der Hund sie nicht einholte?
   Die Füchsin musste …

Lösungswort: G E F A H R

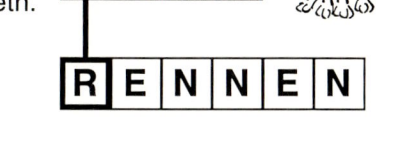

Literatur-Kartei:
„Der Findefuchs"

Lösung:
Lesekontrolle
2. Kapitel
Leseseiten 14, 15

Arbeitsblatt, Seite 15

Der Hund

1. Die Füchsin
   ☐ ließ den kleinen Fuchs im Gebüsch liegen.
   ☒ nahm den kleinen Fuchs mit.

2. Die Füchsin packte den kleinen Fuchs
   ☐ mit den Krallen.
   ☐ mit den Pfoten.
   ☒ mit den Zähnen.

3. Als der kleine Fuchs aufwachte,
   ☐ heulte er leise.
   ☐ jaulte er leise.
   ☒ winselte er leise.

4. Die Füchsin sagte zu ihm,
   ☐ dass sie zusammen fortgehen.
   ☒ dass sie zusammen nach Hause gehen.
   ☐ dass sie zusammen seine Mutter suchen.

5. Der Bau der Füchsin
   ☒ war nicht mehr weit entfernt.
   ☐ war weit entfernt.
   ☐ war sehr weit entfernt.

Literatur-Kartei:
„Der Findefuchs"

Arbeitsblatt, Seite 18

Der Hund

Lösung:
Lesekontrolle
2. Kapitel
Leseseite 22, 23

1. *Was hatte die Spur der Füchsin ausgelöscht?*
   ➔ Das **Wasser** hatte sie **ausgelöscht**.

2. *Wo verschwand der Hund?*
   ➔ Er **verschwand im Wald**.

3. *Was sagte die Füchsin zum kleinen Fuchs?*
   ➔ „Wir sind gerettet, mein Findefuchs."

4. *Was musste die Füchsin tun, bevor sie weiterlaufen konnte?*
   ➔ Sie musste sich eine Weile ausruhen.

5. *Was sagte die Füchsin schließlich zum kleinen Fuchs?*
   ➔ „Wir müssen nach Hause."

Literatur-Kartei:
„Der Findefuchs"

Arbeitsblatt, Seite 17

Der Hund

Lösung:
Lesekontrolle
2. Kapitel
Leseseiten 18, 19

1. *Als der Hund immer näher kam, hatte die Füchsin große*
   - [X] Angst.
   - [ ] Sorge.
   - [ ] Eile.

2. *Die Füchsin*
   - [ ] ließ den kleinen Fuchs fallen.
   - [ ] rettete ihr eigenes Leben.
   - [X] hielt den kleinen Fuchs fest.

3. *Was witterte die Füchsin?*
   ➔ Sie witterte **Wasser**.

4. *Was konnte die Füchsin nicht mehr?*
   ➔ Sie konnte **nicht mehr laufen**.

5. *Was tat der Hund am Ufer des Baches?*
   ➔ Er knurrte **wütend, er bellte, er schnüffelte**.

Literatur-Kartei:
„Der Findefuchs"

Der Dachs

Lösung:
Lesekontrolle
3. Kapitel
Leseseiten 24, 25

Arbeitsblatt, Seite 27

Inzwischen war es **spät** geworden.

Mit dem kleinen Fuchs in der **Schnauze** lief die Füchsin durch die **Dämmerung.**

Es dauerte lange, bis sie **nach Hause** kam.

Da begegnete ihr der **Dachs.**

Der Dachs blieb stehen. Er starrte die **Füchsin** und den kleinen Fuchs an und fragte:

„Was schleppst du denn heute mit dir herum?"

Die Füchsin wollte **weitergehen.**

Aber der Dachs **versperrte** ihr den Weg und fragte noch einmal:

„Was du da **herumschleppst**, will ich wissen!"

(aus: Irina Korschunow: Der Findefuchs.
© 1982 Deutscher Taschenbuch Verlag,
München, S. 24, 25)

Literatur-Kartei:
„Der Findefuchs"

Der Dachs

Lösung:
Lesekontrolle
3. Kapitel
Leseseite 26–28

Arbeitsblatt, Seite 28

1. Die Füchsin zeigte dem Dachs die
   - ☐ die Krallen.
   - ☒ die Zähne.
   - ☐ die Pfoten.

2. Der Dachs wollte den Findefuchs
   - ☒ fressen.
   - ☐ adoptieren.
   - ☐ anschauen.

3. Die Füchsin schlug dem Dachs
   - ☐ mit ihren Zähnen ins Gesicht.
   - ☐ mit ihrem Schwanz ins Gesicht.
   - ☒ mit ihrer Pfote übers Gesicht.

4. Der Dachs war
   - ☐ böse und wild.
   - ☒ stark und schnell.
   - ☐ alt und schwach.

5. Die Füchsin kämpfte
   - ☒ mit Krallen und Zähnen.
   - ☐ mit Pfoten und Zähnen.
   - ☐ mit Händen und Füßen.

Literatur-Kartei:
„Der Findefuchs"

Lösung:
Lesekontrolle
3. Kapitel
Leseseite 34, 35

Arbeitsblatt, Seite 36

Die Fuchskinder

1. Was sagte die Füchsin, als sie in den Bau kam?
   → „**Da bin ich wieder.**"

2. Was taten die Fuchskinder?
   → Die drei Fuchskinder fiepten vor Freude.

3. Wen legte die Füchsin zwischen ihre Kinder?
   → Die Füchsin legte den kleinen Fuchs mitten zwischen ihre Kinder.

4. Was sagte die Füchsin?
   → „**Ich habe euch etwas mitgebracht.**"

5. Die drei Kinder   [X] beschnüffelten den Findefuchs.
                    [ ] berochen den Findefuchs.
                    [ ] leckten den Findefuchs.

Literatur-Kartei:
„Der Findefuchs"

Lösung:
Lesekontrolle
3. Kapitel
Leseseiten 30, 31

Arbeitsblatt, Seite 29

Der Dachs

1. Um wen kämpfte die Füchsin?
   Sie kämpfte um den … **FINDEFUCHS**

2. Wohin biss der Dachs die Füchsin?
   Er biss sie in die … **SCHULTER**

3. Wohin schlug ihr der Dachs eine Schramme?
   Er schlug ihr eine Schramme in die … **SCHNAUZE**

4. Was sollte der Dachs statt des Findefuchses fressen?
   Er sollte … und … fressen. **SCHNECKEN SPINNEN**

5. Die Füchsin hatte den Dachs … **BESIEGT**

6. Die Füchsin sagte: „Wir sind gleich zu …." **HAUSE**

7. Wo schlüpfte die Füchsin mit dem Findefuchs hinein?
   Sie schlüpfte in den … **BAU**

Lösungswort: **FUCHSBAU**

Literatur-Kartei:
„Der Findefuchs"

Lösung:
Lesekontrolle
5. Kapitel
Leseseite 38, 39

Arbeitsblatt, Seite 45

Die Nachbarin

1. *Wen traf die Füchsin vor dem Eingang des Baus?*
   ➔ **Vor dem Eingang traf sie ihre Nachbarin.**

2. *Was fragte die Nachbarin?*
   ➔ **„Wie geht es deinen drei Kindern?"**

3. *Die Füchsin antwortete:*
   ➔ **„Aber es sind nicht drei. Es sind vier."**

4. *Die Nachbarin wunderte sich und sagte:*
   ➔ **„Seltsam. Gestern waren es noch drei."**

5. *Die Füchsin antwortete:*
   ➔ **„Ich habe ein viertes dazubekommen."**

Literatur-Kartei:
„Der Findefuchs"

Lösung:
Lesekontrolle
4. Kapitel
Leseseiten 36, 37

Arbeitsblatt, Seite 37

Die Fuchskinder

1. *Wie roch der kleine Fuchs?*
   ➔ **Er roch genau wie ihre Mutter.**

2. *Wie rochen die anderen Fuchskinder?*
   ➔ **Jedes roch wie die Füchsin.**

3. *Was spielten die kleinen Füchse nach dem Trinken?*
   ➔ Sie spielten **Anschleichen und Weglaufen.**
   Sie spielten **Fangen und Verstecken.**
   Sie spielten **Knurren und Fauchen und Pfotenschlagen und Zähnefletschen.**

4. *Was tat die Füchsin, während ihre Kinder spielten?*
   ➔ **Die Füchsin sah ihnen zu.**
   ➔ **Sie leckte ihre Wunden und freute sich über die Kinder.**

Literatur-Kartei:
„Der Findefuchs"

Lösung:
Lesekontrolle
5. Kapitel
Leseseiten 40–42

Arbeitsblatt, Seite 46

Die Nachbarin

„Ob ich ihn brauche oder nicht, ist mir egal", sagte die Füchsin.

„Ich habe ihn **gewärmt** und ihm zu **trinken** gegeben.

Ich habe ihn **durch den Wald** geschleppt.

Ich bin mit ihm vor dem **Hund geflohen** und musste

sogar **mit dem Dachs** kämpfen. Mein Findefuchs soll

bei mir bleiben." „Du bist **dumm**", sagte die Nachbarin.

„Deine Kinder werden größer. Bald wollen sie **Fleisch** fressen.

Willst du etwa für ein **fremdes Kind** auf die Jagd gehen?"

„Wo **drei** Kinder satt werden", sagte die Füchsin, „langt es

auch für ein **viertes**. Lass mich in Ruhe mit deinem

Geschwätz." Die Nachbarin schüttelte den Kopf. „Dir kann man

nicht **helfen**", sagte sie. „Was ist denn eigentlich so **Besonderes**

an deinem Findefuchs?" „Besonderes?"

(aus: Irina Korschunow: Der Findefuchs.
© 1982 Deutscher Taschenbuch Verlag,
München, S. 40–42)

Literatur-Kartei:
„Der Findefuchs"

Lösung:
Lesekontrolle
5. Kapitel
Leseseite 43, 44

Arbeitsblatt, Seite 52

Der kleine Fuchs hat eine Mutter

Die Füchsin schlüpfte in den Bau, um den **Findefuchs** zu holen.

Doch sie konnte ihn nicht mehr **herausfinden**. Sie sah das

erste Kind an. Sie sah das **zweite** Kind an.

Sie sah das **dritte** und das **vierte** Kind an.

Alle sahen wie ihre kleinen Füchse aus.

Sie **beschnüffelte** eins nach dem anderen, das **erste** Kind,

das **zweite** Kind, das **dritte** und das **vierte** .

Alle rochen gleich. **Jedes** konnte der

Findefuchs sein oder nicht. „Komm her, mein Findefuchs",

lockte sie. Da kamen **alle vier** Fuchskinder angekrochen

und kuschelten sich in ihr Fell. Die Füchsin steckte den Kopf aus dem

Bau. „Es tut mir **Leid**, ich kann dir den Findefuchs nicht zeigen."

(aus: Irina Korschunow: Der Findefuchs.
© 1982 Deutscher Taschenbuch Verlag,
München, S. 43, 44)

Arbeitsblatt, Seite 53

Literatur-Kartei:
„Der Findefuchs"

Lösung:
Lesekontrolle
6. Kapitel
Leseseite 45, 46

Der kleine Fuchs hat eine Mutter

1. Was sagte die Füchsin zur Nachbarin?
   ↑ „Ich habe keine Ahnung, wer von meinen Kindern der Findefuchs ist."

2. Was rief die Nachbarin?
   ↑ „Wie schrecklich."

3. Was musste die Füchsin?
   ↑ Die Füchsin musste lachen.

4. Was sagte die Füchsin dann?
   ↑ „Das ist doch nicht schrecklich."

5. Was war der Findefuchs von da an?
   ↑ Er war das Kind der Füchsin.

6. Wie kümmerte sich die Füchsin um den kleinen Fuchs?
   ↑ Sie gab ihm zu essen und zu trinken.
   Sie beschützte ihn.
   Sie brachte ihm bei, was ein Fuchs wissen muss.

Werkstatt-Unterricht

Was ist Werkstatt-Unterricht?
Anders Weber

Werkstatt-Unterricht als Methode, den SchülerInnen die Kontrolle über Lerngegenstand und -tempo zu geben, gewinnt immer mehr Anhänger – eine Methode, die das Unterrichtsgeschehen für alle daran Beteiligten wesentlich entlastet, wenn man weiß, wie's geht. Diese Broschüre erklärt step by step und sehr anschaulich: Was ist eine Werkstatt, und wo liegen ihre Stärken und Schwächen? Punkt für Punkt erobern Sie sich die Bausteine einer Werkstatt. Das fängt bei der Einrichtung der Klasse an und geht über die Rolle der Lehrperson bis zu direkt einsetzbaren Kontrollbögen und Wochenarbeitsplänen. „Was ist Werkstatt-Unterricht" ist weit mehr als ein Appetitanreger. Es ist schon ein echtes Handbuch für alle, die Werkstatt-Unterricht endlich selber ausprobieren wollen und sich bis jetzt noch nicht getraut haben.

68 S., A5, Pb.
ISBN 3-86072-377-4
Best.-Nr. 2377
11,80 DM/sFr/86,- öS

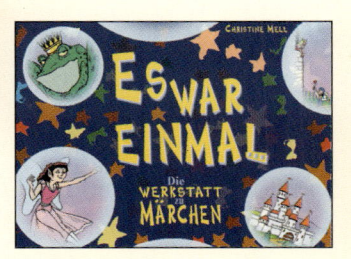

Es war einmal ...
Die Werkstatt zu Märchen
Christine Mell
Ab Kl. 3, 58 S., A4, Papph.
ISBN 3-86072-471-1
Best.-Nr. 2471
31,20 DM/sFr/228,- öS

Die Wörterbuch-Werkstatt
Martin Zeller
Ab Kl. 2, 49 S., A4, Papph.
ISBN 3-86072-493-2
Best.-Nr. 2493
33,20 DM/sFr/242,- öS

Leonardo da Vinci für Kinder
Eine Werkstatt
Barbara Schubert
Ab Kl. 3, 62 S., A4, Papph.
ISBN 3-86072-603-X
Best.-Nr. 2603
36,- DM/sFr/263,- öS
(erscheint 1. Quartal 2001)

Neu!

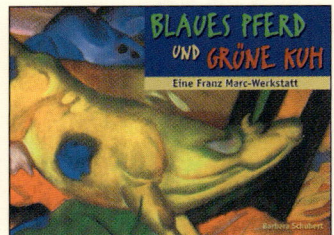

Blaues Pferd und grüne Kuh
Eine Franz Marc-Werkstatt
Barbara Schubert
Ab Kl. 1, 48 S., A4, Papph.
ISBN 3-86072-484-3
Best.-Nr. 2484
31,20 DM/sFr/228,- öS

Neu!

„.... er hat überhaupt nicht gebohrt!"
Eine Werkstatt zur Zahngesundheit
Sabine Willmeroth, Brigitte Moll
Ab Kl. 2, 75 S., A4, Papph.
ISBN 3-86072-561-0
Best.-Nr. 2561
38,- DM/sFr/277,- öS

Die Feuer-Werkstatt
Feuer, Feuerwehr und Brandschutz
Katja Rodemann, Markus Schneider
Ab Kl. 1, 70 S., A4, Papph.
ISBN 3-86072-474-6
Best.-Nr. 2474
38,- DM/sFr/277,- öS

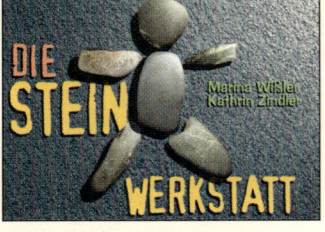

Die Stein-Werkstatt
Marina Wißler, Kathrin Zindler
Ab Kl. 3/4, 70 S., A4, Papph.
ISBN 3-86072-441-X
Best.-Nr. 2441
38,- DM/sFr/277,- öS

Die Zeit- und Uhren-Werkstatt
Frauke Jansen
Ab Kl. 2, 59 S., A4, Papph.
ISBN 3-86072-451-7
Best.-Nr. 2451
33,20 DM/sFr/242,-öS

Neu!

Ach du schöne Sch...!
Eine Werkstatt zum „Klo – hier und anderswo"
Anna-Maria Möhring, Silvia Schubert
Ab Kl. 3, 50 S., A4, Papph.
ISBN 3-86072-478-9
Best.-Nr. 2478
33,20 DM/sFr/242,- öS

Die Müll-Werkstatt
Iris Odenthal, Karolin Willems
Ab Kl. 3, 62 S., A4, Papph.
ISBN 3-86072-563-7
Best.-Nr. 2563
35,- DM/sFr/256,- öS

Neu!

Die Weltraum-Werkstatt
Diana Blum
Kl. 2–5, 62 S., A4, Papph.
ISBN 3-86072-434-7
Best.-Nr. 2434
36,- DM/sFr/263,- öS

Flugzeuge, Vögel und was sonst noch fliegt
Eine Werkstatt
Uta Brumann
Ab Kl. 3, 60 S., A4, Papph.
ISBN 3-86072-564-5
Best.-Nr. 2564
36,- DM/sFr/263,- öS
(erscheint 1. Quartal 2001)

Neu!

Verlag an der Ruhr · Postfach 10 22 51 · D-45422 Mülheim an der Ruhr
Tel.: 0208/495040 · Fax: 0208/4950495 · e-mail: info@verlagruhr.de · http://www.verlagruhr.de

www.verlagruhr.de

Die Europa-Werkstatt
Anne-Mareike und Rainer Endrigkeit
Ab Kl. 3, 84 S., A4, Papph.
ISBN 3-86072-473-8
Best.-Nr. 2473
38,- DM/sFr/277,- öS

Nordrhein-Westfalen
Eine Werkstatt **Neu!**
Anne-Mareike und Rainer Endrigkeit
Ab Kl. 3, 70 S., A4, Papph.
ISBN 3-86072-582-3
Best.-Nr. 2582
38,- DM/sFr/277,- öS

Die Regenwurm-Werkstatt
Corinna Locker
Kl. 3–4, 57 S., A4, Papph.
ISBN 3-86072-435-5
Best.-Nr. 2435
31,20 DM/sFr/228,- öS

Die Hunde-Werkstatt
Stephanie Cech
Ab Kl. 2, 53 S., A4, Papph.
ISBN 3-86072-475-4
Best.-Nr. 2475
31,20 DM/sFr/228,- öS

Neu! 
Die Schokoladen-Werkstatt
Caroline Dröge
Ab Kl. 3, 65 S., A4, Papph.
ISBN 3-86072-558-0
Best.-Nr. 2558
36,- DM/sFr/263,- öS

Die Zoo-Werkstatt
Iris Odenthal, Karolin Willems
Ab Kl. 3, 75 S., A4, Papph.
ISBN 3-86072-476-2
Best.-Nr. 2476
38,- DM/sFr/277,- öS

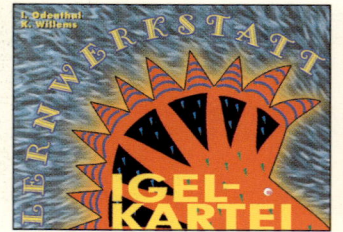

Die Igel-Kartei
Eine Lernwerkstatt
Iris Odenthal, Karolin Willems
Ab Kl. 3, 60 S., A4, Papph.
ISBN 3-86072-345-6
Best.-Nr. 2345
33,20 DM/sFr/242,- öS

Neu! 
Die Katzen-Werkstatt
Stephanie Cech-Wenning
Ab Kl. 2, 65 S., A4, Papph.
ISBN 3-86072-601-3
Best.-Nr. 2601
36,- DM/sFr/263,- öS
(erscheint 1. Quartal 2001)

Die Kartoffel-Werkstatt
Sabine Willmeroth, Anja Rösgen
Ab Kl. 3/4, 76 S., A4, Papph.
ISBN 3-86072-382-0
Best.-Nr. 2382
38,- DM/sFr/277,- öS

Neu! 
Vom Acker zum Bäcker
Eine Werkstatt zu Korn und Co.
Sabine Willmeroth, Anja Rösgen
Ab Kl. 2, 60 S., A4, Papph.
ISBN 3-86072-560-2
Best.-Nr. 2560
38,- DM/sFr/277,- öS

Die Herbst-Werkstatt
Sabine Willmeroth, Anja Rösgen
Ab Kl. 2, 76 S., A4, Papph.
ISBN 3-86072-439-8
Best.-Nr. 2439
38,- DM/sFr/277,- öS

Die Winter-Werkstatt
Sabine Willmeroth, Anja Rösgen
Ab Kl. 2, 74 S., A4, Papph.
ISBN 3-86072-440-1
Best.-Nr. 2440
38,- DM/sFr/277,- öS

Die Frühlings-Werkstatt
Sabine Willmeroth, Anja Rösgen
Ab Kl. 2, 75 S., A4, Papph.
ISBN 3-86072-399-5
Best.-Nr. 2399
38,- DM/sFr/277,- öS

Die Weihnachts-Werkstatt
Sabine Willmeroth, Anja Rösgen, Brigitte Moll
Ab Kl. 2, 62 S., A4, Papph.
ISBN 3-86072-469-X
Best.-Nr. 2469
38,- DM/sFr/277,- öS

Löwenzahn und Frühlingswiese – Eine Werkstatt
Ursula Arndt
Ab Kl. 2, 72 S., A4, Papph.
ISBN 3-86072-477-0
Best.-Nr. 2477
38,- DM/sFr/277,- öS

Die Sommer-Werkstatt
Sabine Willmeroth, Anja Rösgen
Ab Kl. 2, 75 S., A4, Papph.
ISBN 3-86072-472-X
Best.-Nr. 2472
38,- DM/sFr/277,- öS

Verlag an der Ruhr · Postfach 10 22 51 · D-45422 Mülheim an der Ruhr
Tel.: 0208/495040 · Fax: 0208/4950495 · e-mail: info@verlagruhr.de · http://www.verlagruhr.de